大学生幸福感影响因素研究

廖彩之 —— 著

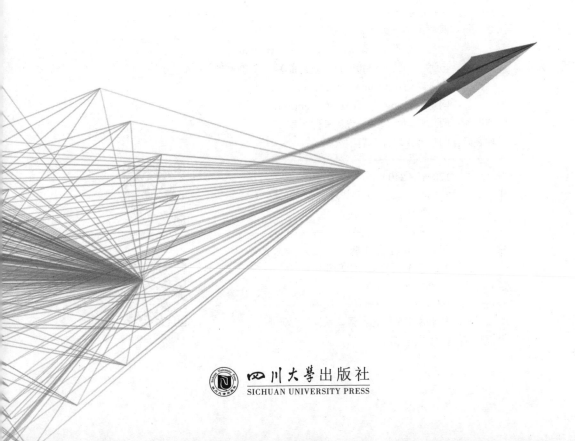

四川大学出版社
SICHUAN UNIVERSITY PRESS

图书在版编目（CIP）数据

大学生幸福感影响因素研究 / 廖彩之著 . — 成都 ：
四川大学出版社，2024.6
ISBN 978-7-5690-6395-0

Ⅰ．①大… Ⅱ．①廖… Ⅲ．①大学生－幸福－研究
Ⅳ．① G444

中国国家版本馆 CIP 数据核字（2023）第 197637 号

书　　　名：大学生幸福感影响因素研究
　　　　　　Daxuesheng Xingfugan Yingxiang Yinsu Yanjiu
著　　　者：廖彩之

选题策划：梁　平　李　梅
责任编辑：李　梅
责任校对：周维彬
装帧设计：裴菊红
责任印制：王　炜

出版发行：四川大学出版社有限责任公司
　　　　　地址：成都市一环路南一段 24 号（610065）
　　　　　电话：（028）85408311（发行部）、85400276（总编室）
　　　　　电子邮箱：scupress@vip.163.com
　　　　　网址：https://press.scu.edu.cn
印前制作：四川胜翔数码印务设计有限公司
印刷装订：四川省平轩印务有限公司

成品尺寸：170 mm×240 mm
印　　张：7.75
字　　数：151 千字

版　　次：2024 年 6 月 第 1 版
印　　次：2024 年 6 月 第 1 次印刷
定　　价：48.00 元

本社图书如有印装质量问题，请联系发行部调换

扫码获取数字资源

四川大学出版社
微信公众号

目　录

前　言

　　《关于加强心理健康服务的指导意见》①、《全面加强和改进新时代学生心理健康工作专项行动计划（2023—2025 年）》②、《"健康中国 2030"规划纲要》③ 等多项政策纲要和法律法规的颁布与实施，使我国心理健康体系建设有了有力的政策保障，体现了政府对人民心理健康的重视。

　　随着社会的发展、竞争的加剧，大学生面对的压力逐渐增大。大学毕业生数量的急剧增长使毕业生就业问题成为近年来全社会关注的焦点，也使得大学生面临的就业压力不断增加。除此之外，由于教育环境、生活条件的影响，大学生自身也有着各种身心问题。目前"00 后"已经成为当代大学生的主流人群，"00 后"大学生出生和生活在中国经济高速发展、人民生活条件和水平快速改善的时期，大部分学生的家庭条件已经能满足其生活和学习需要，不需要其承担过多的生存压力和生活负担。对大学生父母而言，他们最大的期望是孩子能专心学习、考上理想的大学、毕业后找到一份好的工作、最终出人头地，却忽视了对孩子掌握基本生活技能、承担生存压力、分担家庭事务的能力的培养，从而使当代大学生普遍存在生活能力差、抗压能力弱、吃苦耐劳精神不足的问题。大学生这些自身的特点再叠加外部不断增加的就业压力，使得大学生的心理健康状况不容乐观。

　　幸福感是测量心理健康的重要指标，是心理学研究中的一个重点，也是大学生适应社会的关键。国外学者 Diener 认为，幸福感是个体对个人生活、心理质量、自我定义幸福标准的评价，主要包括认知部分与情感部分。认知部分

　　① 22 部门印发《关于加强心理健康服务的指导意见》[EB/OL]. (2017-01-24) [2022-01-22]. https://www.gov.cn/xinwen/2017-01/24/content_5162861.htm#1.

　　② 教育部等十七部门关于印发《全面加强和改进新时代学生心理健康工作专项行动计划（2023—2025 年）》的通知 [EB/OL]. (2023-04-27) [2023-06-27]. http://www.moe.gov.cn/srcsite/A17/moe_943/moe_946/202305/t20230511_1059219.html.

　　③ 中共中央 国务院印发《"健康中国 2030"规划纲要》[EB/OL]. (2016-10-25) [2022-01-22]. https://www.gov.cn/zhengce/2016-10/25/content_5124174.htm.

主要指的是个体的生活满意度。情感部分指的是个体在生活中所能感受到的一种源于自身的情感体验，它包括两种情感：一种是积极的，另一种则是消极的。[①] 相关研究结果表明，幸福感水平的高低将直接影响个体的身心发展。幸福感低的个体有更大的概率患心理疾病和生理疾病，例如神经衰弱、厌食症、焦虑症、恐惧症、抑郁症、社交障碍、糖尿病、胃溃疡等。当前，大学生一方面面临自身的一系列心理问题和矛盾，另一方面又面临着不断增加的就业压力，心理健康状况不容乐观，由心理问题引起的意外事件频发。在这种情况下，研究如何提升大学生幸福感水平，无论是对大学生自身的发展，还是对整个社会的安定和发展都是非常必要的。

在现实生活中，人们如何评判一个人幸福感的高低呢？都有哪些衡量标准呢？大多数人在对幸福感水平进行评判的时候，往往存在较大的局限性和片面性，衡量标准存在较大的偏差，通常会高估外部因素的作用，比如认为收入水平、个人财富等经济条件越好的人越幸福，认为家庭结构、婚姻状况等家庭环境越好的人越幸福，认为生活在社会意识形态、社会经济水平、社会文化状况等社会环境越优越的环境中的人越幸福，但事实并非完全如此。影响幸福感的因素有很多，国内外学者对幸福感的研究成果也比较丰富。学界将影响幸福感的因素分为主观因素和客观因素，主观因素主要有个体的气质特征、认知风格、适应能力和应对策略等，客观因素主要有经济条件、家庭环境、社会环境等。从总体上看，收入水平、拥有的个人财富等经济条件，家庭结构、婚姻状况等家庭环境，抑或是社会意识形态、社会经济水平、社会文化状况等社会环境等，都是从客观因素来衡量个体幸福感的，也就是从外在的因素来看的，外在的因素必须作用于个体的内在才能起作用，也就是说，必须通过改变主观因素才能影响个体的幸福感。

内在的主观因素与外在的客观因素哪个对个体的幸福感影响更大？研究者对这一问题的看法存在较大的分歧。早期心理学研究者注重考察外在的客观因素的人口统计学变量，如文化、经济、社会支持、工作、家庭环境、生活事件等因素对个体幸福感的影响。有学者认为，具有幸福感的人应该是年轻、健康、受过良好教育、乐观、有智慧的，但这一结论后来为其他学者的研究推翻，学者们发现人口统计学变量中的教育、年龄、社会地位、婚姻等因素仅能解释个体快乐差异的一部分原因。影响幸福感的内在主观因素则包括个体的人格和认知模式等。一般认为，主观因素是影响个体幸福感的主要因素，客观因

---

① DIENER E. Subjective well—being [J]. Psychological bulletin, 1984, 95 (3): 542.

素通过主观因素起作用。大量研究表明，个体的幸福体验是比较稳定的，这也使得心理学研究者开始重新审视人格对幸福感的影响。许多研究证实，外向性与积极情感显著相关，而情绪性则与消极情感显著相关。

　　本研究将重点讨论家庭、学校、社会、人格对大学生幸福感的影响。本研究期望通过对影响大学生幸福感的主观因素和客观因素进行较全面的实证调查和研究，分析影响大学生幸福感变化的主要因素，以及各因素之间的相互关系，以获得更加客观、准确和全面的结论，提出科学的、有针对性的解决策略，为教育主管行政部门相关政策的制定提供数据支撑和理论参考，为高校及家长提供策略支持。同时，也期待我们的研究可以引导大学生以积极的心态追求幸福、体验幸福，改善大学生的生活态度及满意度，更好地应对生活中的困境和挫折，提升其整体幸福感。

第一章　家庭对大学生幸福感的影响

家庭教养方式、家庭环境（家庭结构、家庭氛围、物质条件等）是大学生幸福感形成的主要来源和重要影响因素，长期影响着大学生幸福感的发展水平。民主的家庭教养方式有利于大学生形成积极乐观的人态度，有利于大学生自尊、自信、有责任感等积极人格特质的培养；温馨和谐的家庭环境有助于大学生体验到更多幸福与快乐，而不和谐的家庭关系、家长的粗暴教育等都会降低其幸福感。一般而言，家庭结构较完整、经济条件较好的大学生的幸福感相对较高。

大学生在学习、生活方面存在着各种各样的困难和问题，这些问题影响着大学生的生活体验和心理健康，往往与大学生的幼年成长环境密切相关。一个人在成长的过程中，最重要的环境就是家庭环境，对大学生的幸福感影响最大的就是家庭。

第一节　大学生家庭教养方式与幸福感的关系：自我效能感的中介作用

对于"家庭教养方式"这一概念，国内外学者从不同角度进行了定义。Steinberg 认为，家庭教养方式指的是父母在对子女进行言传身教的时候，所表现出来的态度和行为，以及在由此创造的情感氛围中，父母的行为表达和非言语表达的总和，它反映了亲子关系的本质。[①] 有的学者认为家庭教养方式是家长在教养子女过程中体现出的观念、态度和情感的集合体，是家长在养育子

[①] STEINBERG L D. Transformations in family relations at puberty [J]. Developmental psychology，1981，17（6）：833.

女的过程中所表现出的相对稳定的行为方式。① 目前学术界对家庭教养方式有不同的分类，Maccoby 和 Martin 基于家长对子女提出要求的数量和种类，以及家长对子女所表现出来的响应水平两个维度，将家庭教养风格分为四种类型：权威型、专制型、忽视型、放纵型。②

自我效能感最早由班杜拉提出，指个体对自己是否能成功地取得某一成就的主观判断。在现实生活中，每个人的情感、态度和价值观的形成都会受到自己父母的直接影响，世界观、人生观和价值观往往也会打上原生家庭的烙印。有研究显示，父母教养方式、自我效能感与大学生的幸福感之间存在相关性。因此，我们可以假设大学生的幸福感受成长环境尤其是家庭教养方式、自我效能感的影响。

本研究选取某高校部分大学生为被试，调查其幸福感状况，分析家庭教养方式对其幸福感的影响，并探索自我效能感在其中的中介作用，讨论提升大学生幸福感的方法。在研究过程中，我们使用总体幸福感量表、简式父母教养方式问卷、一般自我效能感量表，对 335 名在校大学生进行调查，筛选得到有效问卷 322 份，通过数据分析，探讨三者的相关性及作用机制，以提出提升大学生幸福感的针对性策略。

一、研究设计

（一）研究目的

（1）研究家庭教养方式、自我效能感、大学生幸福感之间的关系。
（2）考察自我效能感是否在家庭教养方式、幸福感两者之间起中介作用。
（3）根据研究结论，提出通过培养自我效能感提升大学生幸福感的方法。

（二）研究假设

假设 1：大学生的家庭教养方式、自我效能感、大学生幸福感三者之间具有相关性。

假设 2：自我效能感与大学生幸福感之间呈正相关。

假设 3：在大学生幸福感和家庭教养方式各维度的关系中，自我效能感起

---

① DARLING N, STEINBERG L D. Parenting style as context: an integrative model [J]. Psychological bulletin, 1993, 113 (3): 487.

② MACCOBY E E, MARTIN J A. Socialization in the context of the family: parent-child interaction [J]. Handbook of child psychology, 1983 (4): 78.

中介作用，幸福感会随着大学生自我效能感的提升而增强。

（三）研究方法

（1）文献综述法。梳理已有的相关文献，制定研究方案。

（2）问卷调查法。发放问卷、统计调查数据，分析家庭教养方式与其他两个变量的关系。

（3）访谈法。访谈部分被试，了解他们的家庭教养方式、自我效能感和幸福感的现状以及三者之间相互影响的情况。

（四）研究对象

本研究以某高校在校大学生为对象，采取随机抽样的方式，对 335 名学生进行调查。以填写网络问卷的方式展开调查，回收问卷共 335 份，回收率为 100%；剔除敷衍情况严重（填写时间≤60s）和固定反应问卷 13 份，合计有效问卷 322 份。其中，大一到大四学生分别为 48 人、73 人、58 人、143 人；女生 175 人，男生 147 人。

（五）测量工具

本研究采用的测量工具为一般自我效能感量表、简式父母教养方式问卷、总体幸福感量表，通过随机抽样方法发放问卷，分析家庭教养方式与其他两个变量的关系。通过对回收数据的内部一致性检验和因子分析，得出总问卷的内部一致性信度（Cronbach's α）为 0.880，KMO（取样适度性度量）值为 0.896。

1. 一般自我效能感量表

一般自我效能感量表由王才康等翻译修订，有 10 个题目，包含 1 个维度，没有反向计分的项目。该量表的内部一致性信度为 0.87，重测信度 r 为 0.83（$p<0.001$）。由此可见，一般自我效能感量表有良好的信度。

2. 简式父母教养方式问卷

简式父母教养方式问卷由蒋奖等修订翻译。问卷包括 42 个题目，分为父亲版和母亲版，各版均有 21 个题目、3 个维度。这 3 个维度是：拒绝、情感温暖、过度保护。其中，情感温暖维度得分越高越好，而过度保护维度和拒绝维度得分则越低越好。该量表的内部一致性信度为 0.918，KMO 值为 0.898。其中，父亲教养方式问卷的内部一致性信度为 0.869，KMO 值为 0.910；母亲教养方式问卷的内部一致性信度为 0.840，KMO 值为 0.897。由此可见，简式父母教养方式问卷有良好的信度。

3. 总体幸福感量表

总体幸福感量表由美国国家卫生统计中心于 1977 年编制，国内学者段建华于 1996 年对该量表进行了修订。问卷有 18 个题目，包含 6 个维度，这 6 个维度是：对生活的满足和兴趣、对健康的担心、精力、松弛和紧张、对情感和行为的控制、忧郁或愉快的心境。测试者在该量表得分越高，幸福感越强烈。本量表的内部一致性信度为 0.742，KMO 值为 0.870。由此可见，总体幸福感量表有良好的信度。

二、结果与分析

（一）人口统计学变量的描述性统计分析

大学生的基本资料变量包括性别、年级、成长环境、是否独生等变量，其实际分布结构见表 1-1-1。

表 1-1-1　样本分布结构（$N=322$）

变量	分组	人数	百分比（%）
性别	男	147	45.65
	女	175	54.35
年级	大一	48	14.91
	大二	73	22.67
	大三	58	18.01
	大四	143	44.41
成长环境	城市	208	64.60
	农村	114	35.40
是否独生	是	187	58.07
	否	135	41.93

从上述的研究样本基本资料中可以发现，本次实验挑选的被试中大四学生较多，其他人口统计学变量样本数量虽有差异，但分布较为平均。

（二）人口统计学变量的差异分析

1. 大学生自我效能感的差异分析

为考察大学生自我效能感在性别、年级、成长环境、是否独生上是否存在差异，本研究采用单因素方差分析对上述人口统计学变量进行差异性检验，结果见表1-1-2。各组数据通过方差齐性检验（$p>0.05$），数据分布较为一致。

表1-1-2 大学生自我效能感的差异分析

变量	分组	M±SD	F	p
性别	男	2.61±0.60	0.253	0.616
	女	2.58±0.60		
年级	大一	2.61±0.70	3.527	0.015
	大二	2.70±0.56		
	大三	2.71±0.61		
	大四	2.48±0.55		
成长环境	城市	2.60±0.59	0.112	0.739
	农村	2.58±0.61		
是否独生	是	2.62±0.61	1.060	0.304
	否	2.55±0.58		

注：M表示平均数（均值），SD表示标准差。后同。

数据显示，大学生自我效能感在年级上存在显著差异，在是否独生、性别和成长环境上均不存在显著差异。

2. 大学生家庭教养方式的差异分析

为考察大学生家庭（分为母亲与父亲）教养方式的拒绝、情感温暖、过度保护3个维度在性别、年级、成长环境、是否独生上是否存在差异，本研究采用单因素方差分析对上述人口统计学变量进行差异性检验，结果见表1-1-3和表1-1-4。各组数据通过方差齐性检验（$p>0.05$），数据分布较为一致。

表1-1-3　母亲教养方式的差异分析

变量	分组	拒绝			情感温暖			过度保护		
		M±SD	F	p	M±SD	F	p	M±SD	F	p
性别	男	2.10±0.77	3.780	0.053	2.67±0.65	2.766	0.097	2.45±0.54	1.095	0.296
	女	1.94±0.75			2.79±0.63			2.39±0.53		
年级	大一	2.17±0.66	12.992	0.000	2.57±0.53	1.567	0.197	2.37±0.42	4.123	0.007
	大二	2.38±0.80			2.75±0.64			2.58±0.53		
	大三	2.05±0.81			2.84±0.75			2.47±0.52		
	大四	1.76±0.66			2.75±0.62			2.33±0.55		
成长环境	城市	2.08±0.80	3.766	0.053	2.75±0.64	0.111	0.740	2.50±0.54	12.341	0.001
	农村	1.90±0.68			2.72±0.63			2.28±0.48		
是否独生	是	2.07±0.81	2.406	0.122	2.76±0.66	0.705	0.402	2.46±0.55	1.934	1.165
	否	1.94±0.69			2.70±0.61			2.37±0.50		

表1-1-4　父亲教养方式的差异分析

变量	分组	拒绝			情感温暖			过度保护		
		M±SD	F	p	M±SD	F	p	M±SD	F	p
性别	男	2.14±0.78	6.387	0.012	2.57±0.64	0.523	0.470	2.39±0.51	4.034	0.045
	女	1.91±0.81			2.63±0.70			2.28±0.55		
年级	大一	2.26±0.67	16.735	0.000	2.48±0.52	1.508	0.212	2.38±0.44	6.773	0.000
	大二	2.41±0.85			2.69±0.64			2.53±0.54		
	大三	2.09±0.89			2.69±0.77			2.46±0.51		
	大四	1.70±0.66			2.56±0.69			2.20±0.54		
成长环境	城市	2.09±0.85	5.115	0.024	2.62±0.69	0.280	0.597	2.40±0.54	11.329	0.001
	农村	1.88±0.71			2.58±0.64			2.20±0.49		
是否独生	是	2.07±0.86	2.181	0.141	2.66±0.70	3.695	0.055	2.36±0.55	1.815	0.179
	否	1.94±0.73			2.52±0.63			2.28±0.51		

表1-1-3中数据显示，母亲教养方式中拒绝维度在年级上存在显著差异，在性别、成长环境上不存在显著差异，在是否独生上差异较小；母亲教养方式中过度保护维度在年级和成长环境上存在显著差异，在性别和是否独生上不存在显著差异；母亲教养方式中情感温暖维度在性别、年级、是否独生和年级上均不存在显著差异。

　　父亲教养方式中拒绝维度在性别、年级和成长环境上存在显著差异，在是否独生上不存在显著差异；父亲教养方式中情感温暖维度在是否独生、年级、性别和成长环境上均不存在显著差异；父亲教养方式中过度保护维度在性别、年级和成长环境上存在显著差异，在是否独生上不存在显著差异。

　　3. 大学生幸福感的差异分析

　　为考察大学生幸福感的各维度在性别、年级、成长环境、是否独生上是否存在差异，本研究采用单因素方差分析对上述人口统计学变量进差异性检验，结果见表1-1-5。各组数据通过方差齐性检验，数据分布较为一致。

表1-1-5　幸福感的差异分析

变量	分组	对生活的满足和兴趣			对健康的担心			精力		
		M±SD	F	p	M±SD	F	p	M±SD	F	p
性别	男	3.01±1.02			4.52±1.24			4.24±0.87		
	女	3.06±0.92	0.237	0.626	4.43±1.30	0.478	0.490	4.18±1.00	0.302	0.583
年级	大一	3.06±1.05			4.51±1.27			4.36±0.87		
	大二	2.82±0.91	1.636	0.181	4.49±1.19	0.530	0.662	4.14±0.84	1.038	0.376
	大三	3.12±1.03			4.28±1.22			4.31±1.05		
	大四	3.11±0.93			4.52±1.34			4.14±0.96		
成长环境	城市	3.04±0.96	0.005	0.945	4.45±1.26	0.253	0.615	4.21±0.93	0.053	0.817
	农村	3.04±0.99			4.52±1.31			4.19±0.95		
是否独生	是	3.12±1.01	2.996	0.084	4.48±1.36	0.016	0.899	4.34±0.91	9.980	0.002
	否	2.93±0.89			4.46±1.15			4.01±0.95		

变量	分组	忧郁或愉快的心境			对情感和行为的控制			松弛和紧张		
		M±SD	F	p	M±SD	F	p	M±SD	F	p
性别	男	4.80±1.24			3.36±1.04			4.09±0.92		
	女	4.80±1.16	0.002	0.964	3.37±1.00	0.006	0.937	3.99±0.95	0.802	0.371
年级	大一	4.88±1.23			3.20±1.12			4.07±0.85		
	大二	4.80±1.15	0.138	0.937	3.18±0.98	3.688	0.012	4.00±0.82	0.224	0.880
	大三	4.83±1.21			3.22±1.14			4.11±1.03		
	大四	4.76±1.20			3.57±0.92			4.01±0.98		

变量	分组	忧郁或愉快的心境			对情感和行为的控制			松弛和紧张		
		M±SD	F	p	M±SD	F	p	M±SD	F	p
成长环境	城市	4.81±1.19	0.092	0.762	3.38±1.02	0.209	0.648	4.03±0.92	0.006	0.940
	农村	4.77±1.21			3.33±1.02			4.04±0.96		
是否独生	是	4.88±1.20	2.083	0.150	3.44±1.06	2.311	0.129	4.05±0.97	0.165	0.685
	否	4.69±1.18			3.26±0.95			4.01±0.89		

表1-1-5中数据显示，对生活的满足和兴趣、对健康的担心、忧郁或愉快的心境、松弛和紧张各维度在是否独生、年级、成长环境和性别上均不存在显著差异；精力在是否独生上存在显著差异，在年级、性别和成长环境上均不存在显著差异；对情感和行为的控制在年级上存在显著差异，在性别、成长环境和是否独生上均不存在显著差异。

（三）各变量的描述性统计分析和相关分析

此部分呈现的是本研究对大学生家庭教养方式的3个维度（拒绝、情感温度、过度保护）、自我效能感和幸福感之间的 Pearson 相关分析结果，见表1-1-6。由此可知，家庭教养方式3个维度和自我效能感之间的关系为显著正相关；父母拒绝与幸福感之间的关系为不显著正相关，父母情感温暖、过度保护和幸福感之间的关系为显著正相关；自我效能感与幸福感之间的关系为显著正相关。

表1-1-6　量表的均值、标准差和各变量维度的相关分析（$N=322$）

变量	1	2	3	4	5	6	7	8
bAm	1							
bAf	0.817**	1						
bBm	−0.050	−0.064	1					
bBf	−0.003	0.025	0.769**	1				
bCm	0.684**	0.567**	0.135*	0.147**	1			
bCf	0.596**	0.705**	0.101	0.216**	0.757**	1		
c	0.299**	0.367**	0.476**	0.475**	0.361**	0.382**	1	
zd	0.109	0.079	0.423**	0.456**	0.217**	0.167**	0.481**	1

续表

变量	1	2	3	4	5	6	7	8
M	2.014	2.014	2.738	2.602	2.420	2.330	2.591	3.334
SD	0.763	0.809	0.638	0.674	0.529	0.535	0.595	0.403

注：1) bAm 指母亲拒绝维度分，bAf 指父亲拒绝维度分，bBm 指母亲情感温暖维度分，bBf 指父亲情感温暖维度分，bCm 指母亲过度保护维度分，bCf 指父亲过度保护维度分，c 指自我效能感总分，zd 指幸福感总分。

2)* 表示 $p<0.05$，** 表示 $p<0.01$，*** 表示 $p<0.001$，双侧检验。后同。

（四）自我效能感在家庭教养方式与幸福感之间的中介作用

在分析总结以往研究的基础上，本研究以家庭教养方式的拒绝、情感温暖、过度保护 3 个维度为自变量，以幸福感为因变量，以自我效能感为中介变量，在各变量之间建立中介模型。

1. 父母拒绝对幸福感的影响：自我效能感的中介作用

将幸福感作为因变量，家庭教养方式中的母亲拒绝作为自变量，自我效能感作为中介变量进行回归分析。结果见表 1-1-7。

表 1-1-7　母亲拒绝对幸福感影响的回归分析

变量	方程 1（因变量：幸福感）			方程 2（因变量：自尊）			方程 3（因变量：幸福感）		
	β	t	Boot 95%CI	β	t	Boot 95%CI	β	t	Boot 95%CI
母亲拒绝	0.058	1.961	[−0.005, 0.119]	0.233	5.606***	[0.141, 0.323]	−0.020	−0.747	[−0.075, 0.035]
自我效能							0.333	9.592***	[0.256, 0.413]
R^2	0.012			0.089			0.233		
F	3.847			31.424***			48.474***		

由表 1-1-7 可知，模型中有三个回归方程。在方程 1 中，母亲拒绝对幸福感的总效应不显著。在方程 2 中，母亲拒绝对自我效能感的正向预测作用显著。方程 3 是中介作用模型，母亲拒绝正向预测自我效能感，而直接效应不显著，自我效能感正向预测幸福感，这表示母亲拒绝和幸福感不相关。

将幸福感作为因变量，家庭教养方式中的父亲拒绝作为自变量，自我效能感作为中介变量进行回归分析。结果见表 1-1-8。

表 1-1-8　父亲拒绝对幸福感影响的回归分析

变量	方程 1（因变量：幸福感）			方程 2（因变量：自尊）			方程 3（因变量：幸福感）		
	β	t	Boot 95%CI	β	t	Boot 95%CI	β	t	Boot 95%CI
父亲拒绝	0.039	1.411	[−0.025, 0.094]	0.271	7.068***	[0.188, 0.345]	−0.057	−2.169*	[−0.112, 0.003]
自我效能							0.354	9.987***	[0.268, 0.436]
R^2	0.006			0.135			0.243		
F	1.990			49.963***			51.174***		

由表 1-1-8 可知，模型中有 3 个回归方程。在方程 1 中，父亲拒绝对幸福感的总效应不显著。在方程 2 中，父亲拒绝对自我效能感的正向预测作用显著。方程 3 是中介作用模型，父亲拒绝正向预测自我效能感，而直接效应不显著，自我效能感正向预测幸福感，这表示父亲拒绝和幸福感不相关。

2. 情感温暖对幸福感的影响：自我效能感的中介作用

将幸福感作为因变量，家庭教养方式中的母亲情感温暖作为自变量，自我效能感作为中介变量进行回归分析。结果见表 1-1-9。

表 1-1-9　母亲情感温暖对幸福感影响的回归分析

变量	方程 1（因变量：幸福感）			方程 2（因变量：自尊）			方程 3（因变量：幸福感）		
	β	t	Boot 95%CI	β	t	Boot 95%CI	β	t	Boot 95%CI
母亲情感温暖	0.267	8.342***	[0.189, 0.343]	0.444	9.677***	[0.348, 0.536]	0.158	4.634***	[0.068, 0.246]
自我效能							0.245	6.709***	[0.164, 0.339]
R^2	0.179			0.226			0.280		
F	69.593***			93.645***			62.085***		

由表 1-1-9 可知，模型中有 3 个回归方程。在方程 1 中，母亲情感温暖对大学生幸福感的总效应显著。在方程 2 中，母亲情感温暖对大学生自我效能感的正向预测作用显著。方程 3 是中介作用模型，母亲情感温暖正向预测自我效能感，自我效能感正向预测幸福感，所以中介作用显著。这表示在母亲情感温暖对大学生幸福感的影响中，自我效能感起部分中介作用。

在母亲情感温暖和大学生幸福感的关系中，自我效能感起到的中介作用的效应量见表1-1-10。

表1-1-10　母亲情感温暖对大学生幸福感影响的标准化估计效应量

效应类型	效应值	Boot 标准误	Boot 95%CI		相对效应
			下限	上限	
总效应	0.267	0.040	0.189	0.343	
直接效应	0.158	0.044	0.068	0.246	59.176%
间接效应	0.109	0.044	0.121	0.097	40.824%

从表1-1-10可知，母亲情感温暖对大学生幸福感的直接效应显著，占总效应的59.176%；自我效能感的中介作用显著，其影响占总效应的40.824%。

将幸福感作为因变量，家庭教养方式中的父亲情感温暖作为自变量，自我效能感作为中介变量进行回归分析。结果见表1-1-11。

表1-1-11　父亲情感温暖对幸福感影响的回归分析

变量	方程1（因变量：幸福感）			方程2（因变量：自尊）			方程3（因变量：幸福感）		
	β	t	Boot 95%CI	β	t	Boot 95%CI	β	t	Boot 95%CI
父亲情感温暖	0.272	9.159***	[0.206, 0.341]	0.419	9.644***	[0.332, 0.506]	0.175	5.506***	[0.106, 0.251]
自我效能							0.231	6.423***	[0.154, 0.309]
R^2	0.208			0.225			0.298		
F	83.879***			93.008***			67.840***		

由表1-1-11可知，模型中有3个回归方程。在方程1中，父亲情感温暖对幸福感的总效应显著。在方程2中，父亲情感温暖对自我效能感的正向预测作用显著。方程3是中介作用模型，父亲情感温暖正向预测自我效能感，自我效能感正向预测幸福感，所以中介作用显著。这表示在父亲情感温暖对幸福感的影响中，自我效能感起部分中介作用。

在父亲情感温暖和幸福感的关系中，自我效能感起到的中介作用的效应量见表1-1-12。

表1-1-12　父亲情感温暖对幸福感影响的标准化估计效应量

效应类型	效应值	Boot 标准误	Boot 95%CI		相对效应
			下限	上限	
总效应	0.272	0.034	0.206	0.341	
直接效应	0.175	0.036	0.106	0.251	64.338%
间接效应	0.097	0.039	0.100	0.090	35.662%

从表1-1-12可知，父亲情感温暖对幸福感的直接效应显著，占总效应的64.338%；自我效能感的中介作用显著，其影响占总效应的35.662%。

因为母亲与父亲的情感温暖对幸福感的影响一致，并且都通过自我效能感对幸福感产生间接影响，所以我们可以将母亲情感温暖和父亲情感温暖合并为父母情感温暖维度，将幸福感作为因变量，父母情感温暖作为自变量，自我效能感作为中介变量，绘制三者的中介关系图，如图1-1-1所示。

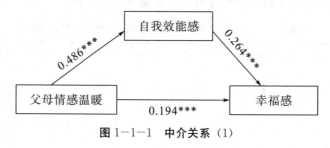

图1-1-1　中介关系（1）

3. 父母过度保护对幸福感的影响：自我效能感的中介作用

将幸福感作为因变量家庭教养方式中的母亲过度保护作为自变量，自我效能感作为中介变量进行回归分析。结果见表1-1-13。

表1-1-13　母亲过度保护对幸福感影响的回归分析

变量	方程1（因变量：幸福感）			方程2（因变量：自尊）			方程3（因变量：幸福感）		
	β	t	Boot 95%CI	β	t	Boot 95%CI	β	t	Boot 95%CI
母亲过度保护	0.165	3.975***	[0.072, 0.256]	0.407	6.931***	[0.274, 0.541]	0.038	0.941	[−0.060, 0.123]
自我效能							0.313	8.819***	[0.232, 0.405]
R^2	0.047			0.131			0.234		
F	15.804***			48.043***			48.688***		

由表1-1-13可知，模型中有3个回归方程。在方程1中，母亲过度保护对幸福感的总效应显著。在方程2中，母亲过度保护对自我效能感的正向预测作用显著。方程3是中介作用模型，母亲过度保护正向预测自我效能感，而直接效应不显著，自我效能感正向预测幸福感。这表示在母亲过度保护对幸福感的影响中，自我效能感起到完全中介作用。

在母亲过度保护和幸福感的关系中，自我效能感起到的中介作用的效应量见表1-1-14。

表1-1-14　母亲过度保护对幸福感影响的标准化估计效应量

效应类型	效应值	Boot 标准误	Boot 95%CI		相对效应
			下限	上限	
总效应	0.165	0.047	0.072	0.256	
直接效应	0.038	0.046	−0.060	0.123	23.030%
间接效应	0.127	0.042	0.132	0.133	76.970%

由表1-1-14可知，大学生母亲过度保护对幸福感的直接效应不显著，占总效应的23.030%；自我效能感的中介作用显著，其影响占总效应的76.970%。

将幸福感作为因变量，母亲过度保护作为自变量，自我效能感作为中介变量，绘制三者的中介关系图，如图1-1-2所示。

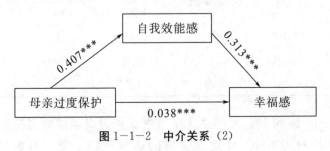

图1-1-2　中介关系（2）

以家庭教养方式中的父亲过度保护为自变量，以幸福感为因变量，以自我效能感为中介变量进行回归分析。结果见表1-1-15。

表 1-1-15 父亲过度保护对幸福感影响的回归分析

变量	方程 1 (因变量：幸福感)			方程 2 (因变量：自尊)			方程 3 (因变量：幸福感)		
	β	t	Boot 95%CI	β	t	Boot 95%CI	β	t	Boot 95%CI
父亲过度保护	0.126	3.032**	[0.034, 0.223]	0.425	7.388***	[0.273, 0.562]	−0.015	−0.367	[−0.108, 0.080]
自我效能							0.330	9.208***	[0.247, 0.416]
R^2	0.028			0.146			0.232		
F	9.195**			54.576***			48.198***		

由表 1-1-15 可知，模型中有 3 个回归方程。在方程 1 中，父亲过度保护对幸福感的总效应显著。在方程 2 中，父亲过度保护对自我效能感的正向预测作用显著。方程 3 是中介作用模型，父亲过度保护负向预测自我效能感，而直接效应不显著，自我效能感正向预测幸福感。这表示在父亲过度保护对幸福感的影响中，自我效能感起到遮掩效应。

自我效能感在父亲过度保护和幸福感之间起到的遮掩效应的效应量见表 1-1-16。

表 1-1-16 父亲过度保护对幸福感影响的标准化估计效应量

效应类型	效应值	Boot 标准误	Boot 95%CI		相对效应
			下限	上限	
总效应	0.126	0.045	0.034	0.223	
直接效应	−0.015	0.049	−0.108	0.080	−11.905%
间接效应	0.141	0.043	0.142	0.143	111.905%

由表 1-1-16 可知，大学生父亲过度保护对幸福感的直接效应不显著，占总效应的 −11.905%。自我效能感的遮掩效应显著，其影响占总效应的 111.905%。

将幸福感作为因变量，父亲过度保护作为自变量，自我效能感作为遮掩变量，绘制三者的关系图，如图 1-1-3 所示。

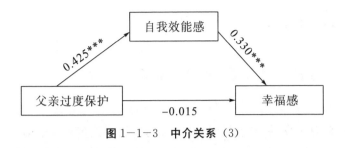

图 1-1-3 中介关系（3）

三、结论

（1）大学生的自我效能感在年级上存在显著差异（$F = 3.527$，$p = 0.015$）。在家庭教养方式中，母亲拒绝在年级上差异显著（$F = 12.341$，$p < 0.001$），过度保护在年级（$F = 4.123$，$p = 0.007$）和成长环境（$F = 12.992$，$p = 0.001$）上差异显著。父亲拒绝在性别（$F = 6.387$，$p = 0.012$）、年级（$F = 16.735$，$p < 0.001$）和成长环境（$F = 5.115$，$p = 0.024$）上差异显著，过度保护在性别（$F = 4.034$，$p = 0.045$）、年级（$F = 6.773$，$p < 0.001$）和成长环境（$F = 11.329$，$p = 0.001$）上差异显著。在幸福感中，精力在是否独生上差异显著（$F = 9.980$，$p = 0.002$），对情感和行为的控制在年级上差异显著（$F = 3.688$，$p = 0.012$）。

（2）在大学生的家庭教养方式中，父母情感温暖和过度保护、自我效能感和幸福感之间具有相关性。其中，母亲拒绝（$r = 0.299$，$p < 0.01$）、父亲拒绝（$r = 0.367$，$p < 0.01$）、母亲情感温暖（$r = 0.476$，$p < 0.01$）、父亲情感温暖（$r = 0.475$，$p < 0.01$）、母亲过度保护（$r = 0.361$，$p < 0.01$）、父亲过度保护（$r = 0.382$，$p < 0.01$）与自我效能感呈显著正相关，母亲情感温暖（$r = 0.423$，$p < 0.01$）、父亲情感温暖（$r = 0.456$，$p < 0.01$）、母亲过度保护（$r = 0.217$，$p < 0.01$）、父亲过度保护（$r = 0.167$，$p < 0.01$）维度与幸福感呈显著正相关，自我效能感与幸福感呈显著正相关（$r = 0.481$，$p < 0.01$）。

（3）自我效能感在母亲过度保护维度对大学生幸福感的影响中，起着完全中介作用；在父亲过度保护维度对大学生幸福感的影响中，起着遮掩作用；在父母情感温暖对大学生幸福感的影响中，起部分中介作用。

四、对策与建议

（一）父母应重视营造温馨的家庭氛围：情感温暖构建幸福感的基础

家庭教育对子女的影响是深远而巨大的，我国颁布的《中华人民共和国家庭教育促进法》明确了家庭责任，并对家庭教育给出了一些指导性意见，其中强调了关注子女的心理健康。通过本研究结果可以得知，父母教养方式中情感温暖维度对大学生的幸福感有较高程度的影响，大学生幸福感在不同维度的水平存在差异，其中大一到大三学生对情感和行为的控制程度水平相对较低，非独生子女的精力水平较低。

父母在教养过程中应多多给予子女理解和关爱，提供更多的鼓励和正面引导。父母作为子女成长的第一责任人，一言一行都会影响孩子的身心健康，父母对子女的教养不仅要给予物质生活的满足，更要关注子女的心理需求，对子女的心理状况有所了解，及时沟通，帮助子女化解心理困惑和烦恼。

针对大学生的心理年龄特点，建议父母的教养行为注意以下几个方面：第一，学会倾听子女的心声，父母与子女需建立平等交流的关系，彼此相互尊重，耐心倾听，这样更有利于和谐亲子关系的建立；第二，关注子女所获得的成就，并在子女受挫时对他们给予鼓励，使其感到安慰，这样可以增加家庭的温馨氛围；第三，在言谈举止上明确地表现出对子女的爱，而不是含蓄内敛，比如常常赞美子女，积极关注子女，这样可以提高整个家庭的幸福感；第四，关注学龄在大一到大三的子女的情绪和行为，并在他们不能有效地控制自己的情绪和行为时及时给予帮助；第五，对非独生子女给予充分的关心和支持，关注他们精力不足的情况，为他们提供足够的休息时间以补充精力。

（二）学校应重视学生自我效能感的培养：自我效能感促进幸福感的扩充

教育部 2021 年 7 月发布《关于加强学生心理健康管理工作的通知》，可见学校心理健康教育对学生的重要性。通过本研究结果可以得知，大四学生的自我效能感显著低于其他年级学生。自我效能感水平对大学生幸福感有显著影响。

学校要充分尊重和关爱每位大学生，针对不同年级大学生的心理特点开展形式多样的心理健康教育活动，尤其要关注具有升学或就业压力的大四学生在毕业之际可能产生的种种不良情绪，以帮助学生正确认识自我，认识自身价值，不断提高自我效能感水平。学校可以为学生开设专题心理健康教育课、团体心理辅导活动。学校一方面要重视个体辅导，应积极开展个体心理辅导工作，当学生不能很好调适自己的心理状态时，使他们可以在学校的网络平台预约心理教师咨询，或随访学校心理咨询室；另一方面，学校不可忽视团体辅导，高校各学院每学期可开展系列团体心理辅导活动，通过团体辅导活动关注学生群体心理健康状态，提高学生心理健康水平，为学生构建良好的学习生活环境。

具体而言，高校心理健康教育需要：第一，开展励志专题心理健康教育课，鼓励学生在学习和生活中面对问题时，做到努力、尽力；第二，策划各类需要构思策略来完成的活动，培养学生遇事积极思考应对方法的思维；第三，依据各类活动的完成情况设定相关奖项，使学生对自己行为的有效性充满信心；第四，利用班团活动课、心理辅导课进行抗挫折强化教育，让学生在集体活动中澄清模糊认识，提高抗压能力，能够以冷静的态度应对问题；第五，辅导员应该积极主动掌握学生情况，对面临挫折比如升学考试失利或就业困难的大四学生要及时追踪关注，必要时对其采取一对一的帮助措施。

第二节　大学生家庭环境对幸福感的影响：物质主义价值观的中介作用

家庭作为一个系统，是一个有机整体，由其社会经济地位、家庭结构、父母教养方式等表层特质，以及父母的生活习惯、关系状况、来自父母的家族文化基因等深层特征组成，是人出生后最先接触的环境，对青少年的身心发展有着重大影响。家庭环境强调了三个方面的内容，包括物质环境、情感环境和精神环境。[①]

关于物质主义价值观，大部学者沿用了 Richins 和 Dawson 对物质主义价值观的界定。他们提出将物质主义价值观看作一种强调拥有物质财富重要性的个人价值观[②]，其内涵包括三个维度的内容：以财物定义成功、以获取财物为

---

①　杨晓芳. 基于社会需求的大学生综合素质培养研究 [D]. 秦皇岛：燕山大学，2010.

②　马敏娜，石丹丹，陈琳莹. 物质主义对当代青少年的影响及对策研究 [J]. 教育教学论坛，2020（8）：92.

中心、通过获取财物追求幸福。一方面，物质主义价值观可以刺激个体的消费欲望；另一方面，物质主义价值观可增强个体努力工作和奋斗的意愿，提高个人收入和生活水平，并且对经济繁荣和整个社会的进步产生积极影响。然而，另有部分研究表明，物质主义价值观会给个人和社会带来消极影响。在个体方面，物质主义价值观与一些积极情绪如自我效能、幸福感、生活满意度等呈负相关，与焦躁、易怒等一些心理问题呈正相关；在社会层面，物质主义价值观容易导致个体社会角色代入的缺失，并且会减少其对社会关系的关注与参与。[①]

一般情况下，家庭的物质条件越好，生活在其中的家庭成员幸福感会越强。随着社会经济的快速发展，各个家庭的物质条件也得到了很大的改善，但大量相关研究显示，人们的幸福感水平并没有随着家庭物质条件的改善而得到相应程度的提高，甚至有部分家庭虽然物质条件明显改善了，但幸福感反而下降了。研究表明，物质主义价值观也会影响个体的幸福感，而且物质条件只是家庭环境的一个方面，除此之外，家庭环境还包括家庭亲密度、家庭适应性等因素。

已有研究显示，个体的幸福感与物质主义价值观显著负相关，与家庭亲密度、家庭适应性呈显著正相关。家庭破裂、家庭资源匮乏可能导致大学生产生更高程度的物质主义价值观。因此，家庭环境和物质主义价值观对个体幸福感的影响不容小觑。本节拟通过调查学生的家庭环境、物质主义价值观与幸福感的状况，分析三者之间的相互影响关系，探究影响大学生幸福感的机制，从而寻找提高大学生幸福感的针对性方法，这对培养大学生正确的物质主义价值观和提高他们的幸福感水平具有重要的意义。

一、研究设计

（一）研究假设

（1）不同性别大学生在家庭环境和物质主义价值观上存在显著差异。

（2）大学生家庭环境、物质主义价值观和幸福感之间两两相关，且物质主义价值观和幸福感呈负相关。家庭环境能够负向预测物质主义价值观，正向预测幸福感。

[①] 王靖原. 大学生物质主义价值观、社会支持和心理健康的关系研究［D］. 开封：河南大学，2009.

（3）物质主义价值观在大学生家庭环境、物质主义价值观和幸福感中起中介作用。

（二）研究对象

本研究用随机抽样的方法选取 234 名大学生作为研究对象，利用问卷星平台请其在线上填写问卷，共回收有效问卷 202 份。研究对象基本信息见表 1－2－1。

表 1－2－1　研究对象基本信息

变量	类别	人数	有效百分比
性别	男	95	47.00%
	女	107	53.00%
年级	大一	40	19.80%
	大二	24	11.90%
	大三	36	17.80%
	大四	102	50.50%
生源地	农村	93	46.00%
	城市	109	54.00%
专业	文史类	60	29.70%
	理工类	110	54.50%
	艺术类	32	13.80%
是否独生	是	118	58.40%
	否	84	41.60%

（三）研究工具

1. 家庭环境的测量

本研究选用陈晖 2009 年编制的家庭环境量表。量表题目使用陈述方式，共 28 个题目，其中 5 个反项题。量表采用李克特 5 点评分法，从"非常不符合"到"非常符合"依次记为 1 分到 5 分。本量表共包括家庭环境的六个维度，分别命名为和睦性、亲密性、沟通性、文化性、修养性、民主性。总量表及各因子的内部一致性信度在 0.698～0.879 之间，说明问卷有良好的信度。

2. 物质主义价值观的测量

Richins 和 Dawson 在 1992 年编制了物质主义价值观量表（Material Values Scale，MVS)。该量表包含三个因子：成功、中心和幸福。成功指用财物多少定义个人的成功与否，中心指将获取和拥有财富当作生活的中心，幸福指认为可以通过获取财物追求幸福。该量表为五级自陈量表，总量表的内部一致性信度为 0.85；成功、中心、幸福分量表的内部一致性信度分别为 0.77、0.73、0.75。本研究采用李静、郭永玉教授 2009 年修订的适用于中国大学生的物质主义价值观量表，量表的内部一致性信度为 0.792，说明问卷有良好的信度。

3. 总体幸福感的测量

总体幸福感量表由美国国家卫生统计中心 1977 年编制。国内学者段建华于 1996 年根据我国实际情况，对其进行本土化修改，修改后的本土化量表共有 18 个题目，包括六个维度：对生活的满足和兴趣、对健康的担心、精力、忧郁或愉快的心境、对情感和行为的控制以及松弛与紧张。该量表经过多个学者的研究和测量，适用于我国对个人幸福感的评价，量表内部一致性信度为 0.734，说明问卷有良好的信度，本研究采用此量表。

4. 研究工具的信度检验

用 SPSS 26.0 对研究工具量表做重测信度检验，其信度检验结果见表 1-2-2。

表 1-2-2　研究工具的信度检验结果

类别	题目数	系数 α
家庭环境量表	28	0.925
物质主义价值观量表	13	0.931
总体幸福感量表	18	0.734

一般来说，如果系数 α（内部一致性信度）大于 0.9，表示量表的内在信度比较高；系数 α 值在 0.7~0.8 之间，表示量表具有一定的参考价值。由表 1-2-2可知，三个量表系数 α 值在 0.734~0.931 之间，内部一致性信度符合统计学要求，表明三个量表具有良好的重测信度。

二、结果与分析

(一) 家庭环境分析

1. 大学生家庭环境各因子及量表总分的总体现状分析

本研究对大学生家庭环境各因子及量表总分进行描述性统计分析,结果见表1-2-3。

表1-2-3 大学生家庭环境各因子及量表总分的总体现状分析

类别	M	SD
和睦性均分	3.38	0.95
亲密性均分	3.27	1.13
沟通性均分	3.59	1.07
文化性均分	3.14	0.87
修养性均分	3.64	0.99
民主性均分	2.81	1.15
家庭环境量表总分	45.05	21.29

此次研究采用李克特5点评分法,中位数为3。表1-2-3的研究结果显示,家庭环境量表总分以及除民主性均分外其他各维度的均分都远远高于中位数水平,说明大学生的家庭环境整体水平普遍较高。各个维度的平均值由大到小的排序依次为:修养性>沟通性>和睦性>亲密性>文化性>民主性。

2. 大学生家庭环境各因子及量表总分在性别上的差异分析

本研究采用独立样本 t 检验考察大学生家庭环境各因子及量表总分在性别上的差异,结果见表1-2-4。

表1-2-4 大学生家庭环境各因子及量表总分在性别上的差异分析

类别	男 M±SD	女 M±SD	t
和睦性均分	3.55±0.84	3.23±1.02	2.432**
亲密性均分	3.42±1.08	3.15±1.17	1.648
沟通性均分	3.65±1.06	3.54±1.08	0.747

类别	男 M±SD	女 M±SD	t
文化性均分	3.21±0.86	3.10±0.87	0.928
修养性均分	3.75±0.94	3.56±1.02	1.395
民主性均分	2.77±1.13	2.84±1.18	−0.425
家庭环境量表总分	95.55±19.26	90.36±22.75	1.739

由表1−2−4可以看出大学生家庭环境量表总分及其各维度在性别上的差异：从整体上看，男生的家庭环境得分略高于女生，家庭环境在性别上不存在显著差异（$p>0.05$）；从各维度上看，和睦性维度在性别上存在显著差异（$p<0.01$），男生在家庭环境各维度得分都要略高于女生。

3. 大学生家庭环境各因子及量表总分在年级上的差异分析

本研究采用单因素方差分析考察大学生家庭环境各因子及量表总分在年级上的差异，并对其进行事后检验（LSD），结果见表1−2−5。

表1−2−5　大学生家庭环境各因子及量表总分在年级上的差异分析

类别	大一 M±SD	大二 M±SD	大三 M±SD	大四 M±SD	F	事后比较
和睦性均分	3.40±0.95	3.48±0.89	3.58±0.81	3.28±1.01	0.952	
亲密性均分	3.38±1.11	3.40±1.28	3.60±1.16	3.10±1.08	2.015	
沟通性均分	3.72±1.06	3.55±1.05	3.80±0.95	3.48±1.11	1.004	
文化性均分	3.19±0.91	3.30±0.79	3.44±0.85	3.00±0.85	2.750*	大三>大四
修养性均分	3.77±0.95	3.76±0.88	3.71±1.05	3.55±1.00	0.674	
民主性均分	2.55±1.04	2.45±1.33	2.46±1.17	3.12±1.07	5.576***	大四>大一，大四>大二，大四>大三
家庭环境量表总分	93.80±22.44	93.96±20.79	97.47±18.98	90.48±21.68	1.035	

由表1−2−5中可以看出，不同年级的大学生只在文化性均分（$p<0.05$）以及民主性均分（$p<0.001$）两个维度上存在显著差异，在其他维度以及总分上差异不显著（$p>0.05$）。通过事后比较发现，在文化性维度上，大三学生的得分显著高于大四学生的，其他年级之间学生得分差异不明显。在民主性维度上，大四学生的得分显著高于大一、大二和大三学生的，而大一、大二和

大三学生得分差异并不显著（$p > 0.05$）。

4. 大学生家庭环境各因子及量表总分在城乡分布上的差异分析

本研究采用独立样本 t 检验考察大学生家庭环境各因子及量表总分在城乡分布上的差异，结果见表1-2-6。

表1-2-6　大学生家庭环境各因子及量表总分在城乡分布上的差异分析

类别	农村 M±SD	城市 M±SD	t
和睦性均分	3.28±0.98	3.46±0.93	-1.319
亲密性均分	3.20±1.18	3.34±1.09	-0.846
沟通性均分	3.46±1.06	3.70±1.07	-1.645
文化性均分	3.05±0.85	3.23±0.88	-1.443
修养性均分	3.59±0.99	3.70±0.98	-0.809
民主性均分	2.80±1.19	2.82±1.13	-0.106
家庭环境量表总分	90.47±21.60	94.78±20.91	-1.437

注：生源地划分为农村和城市。

表1-2-6的结果说明，总体上看，生源地为城市的大学生的家庭环境得分要略高于生源地为农村的大学生的，家庭环境各因子以及量表总分在城乡分布上并无显著差异（$p > 0.05$）。

5. 大学生家庭环境各因子及量表总分在专业类别上的差异分析

本研究采用单因素方差分析考察大学生家庭环境各因子及量表总分在专业类别上的差异，并用LSD法对其进行事后检验，结果见表1-2-7。

表1-2-7　大学生家庭环境各因子及量表总分在专业类别上的差异分析

类别	文史类 M±SD	理工类 M±SD	艺术类 M±SD	F
和睦性均分	3.48±0.83	3.36±0.99	3.26±1.04	0.617
亲密性均分	3.33±1.19	3.23±1.05	3.33±1.30	0.206
沟通性均分	3.64±1.02	3.63±1.06	3.35±1.17	0.948
文化性均分	3.24±0.86	3.12±0.83	3.06±0.97	0.537
修养性均分	3.59±1.08	3.67±0.96	3.68±0.89	0.115
民主性均分	2.72±1.25	2.89±1.07	2.69±1.26	0.623

类别	文史类 M±SD	理工类 M±SD	艺术类 M±SD	F
家庭环境量表总分	94.05±21.58	92.75±20.65	90.63±23.33	0.269

表1-2-7的结果说明，家庭环境各因子以及量表总分在专业类别上并无显著差异（$p>0.05$）。总体上看，大学生家庭环境量表总分由高到低依次为：文史类＞理工类＞艺术类。

6. 大学生家庭环境各因子及量表总分在是否独生子女上的差异分析

本研究采用独立样本 t 检验考察大学生家庭环境各因子及量表总分在是否独生子女上的差异，结果见表1-2-8。

表1-2-8 大学生家庭环境各因子及量表总分在是否独生子女上的差异分析

类别	独生子女 M±SD	非独生子女 M±SD	t
和睦性均分	3.52±0.90	3.17±0.99	2.566
亲密性均分	3.45±1.12	3.03±1.10	2.6436
沟通性均分	3.71±1.02	3.41±1.12	1.962
文化性均分	3.32±0.85	3.91±0.84	3.329
修养性均分	3.77±0.99	3.48±0.96	2.017
民主性均分	2.78±1.13	2.85±1.19	−0.463
家庭环境量表总分	96.43±19.90	87.69±22.22	2.930

表1-2-8的结果说明，总体上看，独生子女家庭大学生家庭环境量表总分要明显高于非独生子女家庭的。家庭环境各因子以及量表总分在是否独生子女上并无显著差异（$p>0.05$）。

（二）大学生物质主义价值观分析

1. 大学生物质主义价值观的总体现状分析

本研究对大学生物质主义价值观进行描述性统计分析，结果见表1-2-9。

表 1-2-9 大学生物质主义价值观的总体现状分析

类别	M	SD
成功均分	3.13	0.90
中心均分	3.00	1.03
幸福均分	3.52	1.08
物质主义价值观量表总分	41.21	11.80

此次研究采用李克特 5 点评分法，中位数为 3。研究结果表明，物质主义价值观量表总分以及各维度均分都高于中位数水平，说明大学生物质主义价值观整体水平普遍较高。各个维度的平均值由大到小的排序依次为：幸福＞成功＞中心。

2. 大学生物质主义价值观在性别上的差异分析

本研究采用独立样本 t 检验考察大学生物质主义价值观在性别上的差异，结果见表 1-2-10。

表 1-2-10 大学生物质主义价值观在性别上的差异分析

类别	男 M±SD	女 M±SD	t
成功均分	3.07±0.84	3.19±0.96	−0.919
中心均分	2.93±0.96	3.06±1.10	−0.951
幸福均分	3.47±1.07	3.56±1.09	−0.617**
物质主义价值观量表总分	40.34±11.20	41.99±12.31	−0.994

由表 1-2-10 可以看出，大学生物质主义价值观量表总分及其各维度均分在性别上的差异：从整体来看，女生物质主义价值观量表总分略高于男生的，物质主义价值观在性别上不存在显著差异（$p > 0.05$）；从各维度上看，中心维度在性别上存在显著差异（$p < 0.01$），而在成功和幸福这两个维度上，女生的得分仍要略高于男生的，但在性别上不存在显著差异（$p > 0.05$）。

3. 大学生物质主义价值观在年级上的差异分析

本研究采用单因素方差分析考察大学生物质主义价值观在年级上的差异，并用 LSD 法对其进行事后检验，结果见表 1-2-11。

表 1-2-11　大学生物质主义价值观在年级上的差异分析

类别	大一 M±SD	大二 M±SD	大三 M±SD	大四 M±SD	F
成功均分	3.16±0.87	3.04±0.88	3.18±0.96	3.13±0.91	0.125
中心均分	2.88±1.05	2.86±0.94	3.32±0.94	2.97±1.07	1.519
幸福均分	3.51±1.12	3.40±1.12	3.76±1.03	3.46±1.07	0.784
物质主义 价值观量表总分	41.65±11.56	39.54±10.96	42.94±12.23	40.82±12.02	0.470

由表 1-2-11 的结果可以看出，中心维度比其他维度得分水平略低。不同年级的大学生物质主义价值观量表总分以及各个维度上均不存在显著差异（$p > 0.05$），四个年级大学生的得分情况由高到低依次为：大三＞大一＞大四＞大二。

4. 大学生物质主义价值观在城乡分布上的差异分析

本研究采用独立样本 t 检验考察大学生物质主义价值观在城乡分布上的差异，结果见表 1-2-12。

表 1-2-12　大学生物质主义价值观在城乡分布上的差异分析

类别	农村 M±SD	城市 M±SD	t
成功均分	3.25±0.84	3.04±0.95	1.625
中心均分	3.12±0.98	2.90±1.07	1.550
幸福均分	3.74±1.03	3.32±1.09	2.786
物质主义价值观量表总分	42.47±11.44	40.14±12.05	1.405

由表 1-2-12 的结果可以看出，整体上，生源地在农村的大学生物质主义价值观量表总分以及各维度均分都略高于生源地在城市的大学生的。大学生物质主义价值观量表总分以及各维度在不同生源地上都不存在显著差异（$p > 0.05$）。

5. 大学生物质主义价值观在专业类别上的差异分析

本研究采用单因素方差分析考察大学生物质主义价值观在专业类别上的差异，并用 LSD 法对其进行事后检验，结果见表 1-2-13。

表 1-2-13　大学生物质主义价值观在专业类别上的差异分析

类别	文史类 M±SD	理工类 M±SD	艺术类 M±SD	F
成功均分	3.16±0.85	3.16±0.94	2.99±0.88	0.453
中心均分	2.97±1.03	2.98±1.07	3.10±0.91	0.182
幸福均分	3.56±1.05	3.50±1.09	3.48±1.12	0.078
物质主义 价值观量表总分	41.42±11.07	40.94±12.37	41.78±11.47	0.076

由表 1-2-13 的结果可以看出，整体上文史类、理工类学生的物质主义价值观量表总分略低于艺术类学生的。大学生物质主义价值观量表总分以及各维度在不同专业类别上都不存在显著差异（$p > 0.05$）。

6. 大学生物质主义价值观在是否独生子女上的差异分析

本研究采用独立样本 t 检验考察大学生物质主义价值观在是否独生子女上的差异，结果见表 1-2-14。

表 1-2-14　大学生物质主义价值观在是否独生子女上的差异分析

类别	独生子女 M±SD	非独生子女 M±SD	t
成功均分	3.07±0.89	3.22±0.93	−1.101
中心均分	2.98±0.99	3.02±1.09	−0.260
幸福均分	3.49±1.08	3.56±1.08	−0.477
物质主义价值观量表总分	40.89±11.84	41.67±11.81	−0.460

由表 1-2-14 的结果可以看出，大学生是否独生子女在物质主义价值观量表总分和各个维度的均分上均不存在显著差异（$p > 0.05$）。

（三）大学生幸福感分析

1. 大学生幸福感各因子和量表总分的总体现状分析

本研究对样本大学生幸福感各因子及量表总分进行描述性统计分析，并与全国常模进行比较，结果见表 1-2-15。

表 1-2-15　大学生幸福感各因子及量表总分的总体现状分析

类别	M	M（常模）	SD
因子一	3.16	3.60	1.024
因子二	4.01	7.45	1.344
因子三	4.15	3.73	1.053
因子四	4.99	5.15	1.269
因子五	3.44	3.83	0.750
因子六	4.30	2.85	1.062
幸福感量表总分	73.46	73.00	12.508

注：因子一，对生活的满足和兴趣均分；因子二，对健康的担心均分；因子三，精力均分；因子四，忧郁或愉快的心境均分；因子五，对情感和行为的控制均分；因子六，松弛和紧张均分。下同。

从表 1-2-15 可以看出，当前大学生幸福感总体上处于中上等水平。其中，大学生幸福感量表总分平均分为 73.46，标准差 12.508。因子四均分得分最高，为 4.99；因子一均分得分最低，为 3.16。

2. 大学生幸福感各因子及量表总分在性别上的差异分析

本研究采用独立样本 t 检验考察大学生幸福感各因子及量表总分在性别上的差异，结果见表 1-2-16。

表 1-2-16　大学生幸福感各因子及量表总分在性别上的差异分析

类别	男 M±SD	女 M±SD	t
因子一	3.28±1.04	3.05±1.00	1.618
因子二	3.98±1.46	4.04±1.23	−0.305
因子三	4.23±0.97	4.08±1.13	1.058
因子四	5.13±1.25	4.86±1.28	1.477
因子五	3.55±0.76	3.35±0.73	1.988
因子六	4.29±1.10	4.31±1.03	−0.206
幸福感量表总分	74.66±12.40	72.39±12.56	1.290

表 1-2-16 的结果说明，总体上男生在幸福感上得分要略高于女生。幸福感各因子以及量表总分在性别上并无显著差异（$p>0.05$）。

3. 大学生幸福感各因子及量表总分在年级上的差异分析

本研究采用单因素方差分析考察大学生幸福感各因子及量表总分在年级上的差异，并用 LSD 法对其进行事后检验，结果见表1-2-17。

表1-2-17　大学生幸福感各因子及量表总分在年级上的差异分析

类别	大一 M±SD	大二 M±SD	大三 M±SD	大四 M±SD	F
因子一	3.36±1.00	3.19±1.12	2.98±0.93	3.14±1.04	0.939
因子二	3.93±1.16	4.60±1.35	4.02±1.21	3.91±1.43	1.842
因子三	4.22±1.04	4.24±0.92	4.05±1.18	4.14±1.05	0.213
因子四	4.98±1.40	5.19±1.12	4.90±1.23	4.97±1.27	0.276
因子五	3.58±0.82	3.48±0.83	3.23±0.68	3.45±0.71	1.467
因子六	4.21±1.11	4.55±1.02	4.06±1.01	4.36±1.06	1.273
幸福感 量表总分	74.00±12.57	76.79±11.29	70.86±11.67	73.38±13.03	1.114

由表1-2-17可以发现，幸福感各因子以及量表总分在年级上并无显著差异（$p > 0.05$）。从整体上看，大学生幸福感在年级上的量表总分由高到低依次为：大二＞大一＞大四＞大三。

4. 大学生幸福感各因子及量表总分在城乡分布上的差异分析

本研究采用独立样本 t 检验考察大学生幸福感各因子及量表总分在城乡分布上的差异，结果见表1-2-18。

表1-2-18　大学生幸福感各因子及量表总分在城乡分布上的差异分析

类别	农村 M±SD	城市 M±SD	t
因子一	3.01±0.95	3.28±1.08	−1.866
因子二	4.11±1.43	3.93±1.26	0.958
因子三	3.97±1.07	4.30±1.01	−2.238
因子四	4.86±1.33	5.09±1.20	−1.275
因子五	3.34±0.73	3.52±0.75	−1.693
因子六	4.22±1.12	4.37±1.01	−1.023
幸福感量表总分	71.67±12.57	74.99±12.31	−1.895

由表 1-2-18 可以看出，幸福感各因子以及量表总分在城乡分布上并无显著差异（$p > 0.05$）。

5. 大学生幸福感各因子及量表总分在专业类别上的差异分析

本研究采用单因素方差分析考察大学生幸福感各因子及量表总分在专业类别上的差异，并用 LSD 法对其进行事后检验，结果见表 1-2-19。

表 1-2-19　大学生幸福感各因子及量表总分在专业类别上的差异分析

类别	文史类 M±SD	理工类 M±SD	艺术类 M±SD	F
因子一	3.21±1.00	3.17±1.05	3.01±0.95	0.398
因子二	4.23±1.26	3.92±1.35	3.94±1.39	1.132
因子三	4.28±1.05	4.10±1.06	4.09±1.05	0.589
因子四	4.84±1.36	5.03±1.23	5.10±1.23	0.616
因子五	3.34±0.72	3.50±0.75	3.45±0.81	0.802
因子六	4.28±0.97	4.37±1.09	4.11±1.06	0.782
幸福感量表总分	73.65±11.38	73.67±13.02	72.38±13.06	0.142

由表 1-2-19 可以发现，幸福感各因子以及量表总分在专业类别上并无显著差异（$p > 0.05$）。从整体上看，大学生幸福感量表总分在专业类别上由高到低依次为：理工类 > 文史类 > 艺术类。

6. 大学生幸福感各因子及量表总分在是否独生子女上的差异分析

本研究采用独立样本 t 检验考察大学生幸福感各因子及量表总分在是否独生子女上的差异，结果见表 1-2-20。

表 1-2-20　大学生幸福感各因子及量表总分在是否独生子女上的差异分析

类别	独生子女 M±SD	非独生子女 M±SD	t
因子一	3.24±0.97	3.05±1.09	2.259
因子二	3.95±1.24	4.10±1.47	0.132
因子三	4.23±1.01	4.04±1.11	2.166
因子四	4.99±1.29	4.98±1.23	0.775
因子五	3.41±0.74	3.48±0.75	1.638
因子六	4.34±1.12	4.25±0.99	1.105
幸福感量表总分	73.86±12.54	72.90±12.52	1.995

由表1－2－20可以看出，总体上看，独生子女家庭的大学生幸福感量表总分要略高于非独生子女家庭的大学生的。幸福感各因子以及量表总分在是否独生子女上并无显著差异（$p > 0.05$）。

（四）大学生家庭环境、物质主义价值观与幸福感的相关分析

1. 家庭环境与物质主义价值观的相关分析

本研究采用Pearson对家庭环境和物质主义价值观各个维度以及量表总分进行相关分析，结果见表1－2－21。

表1－2－21　大学生家庭环境和物质主义价值观各个维度以及量表总分的相关分析

类别	成功	中心	幸福	物质主义价值观总分
和睦性	−0.32**	−0.34**	−0.33**	−0.35**
亲密性	−0.21**	−0.24**	−0.23**	−0.24**
沟通性	−0.26**	−0.27**	−0.26**	−0.28**
文化性	−0.19**	−0.21**	−0.20**	−0.22**
修养性	−0.21**	−0.20**	−0.20**	−0.22**
民主性	0.02	0.03	0.03	0.02
家庭环境量表总分	−0.28**	−0.30**	−0.30**	−0.32**

从表1－2－21的结果可以看出，大学生家庭环境和物质主义价值观在总体上存在显著负相关关系，并且家庭环境量表总分在物质主义价值观的三个维度和总分上均存在显著负相关关系，而家庭环境在除了民主性维度外的其他五个维度都和物质主义价值观各个维度存在显著负相关关系。

2. 家庭环境与幸福感的相关分析

本研究采用Pearson对家庭环境和幸福感各个维度以及量表总分进行相关分析，结果见表1－2－22。

表1－2－22　大学生家庭环境和幸福感各个维度以及总分的相关分析

类别	因子一	因子二	因子三	因子四	因子五	因子六	物质主义价值观总分
和睦性	0.221**	0.133	0.360**	0.253**	0.186**	0.348**	0.415**
亲密性	0.195**	0.148*	0.262**	0.173*	0.123	0.253**	0.313**
沟通性	0.21**	0.10	0.29**	0.16*	0.13	0.31**	0.33**

续表

类别	因子一	因子二	因子三	因子四	因子五	因子六	物质主义价值观总分
文化性	0.15*	0.20**	0.23**	0.18*	0.06	0.21**	0.28**
修养性	0.18*	0.07	0.27**	0.21**	0.18*	0.21**	0.29**
民主性	−0.12	−0.07	−0.10	−0.06	0.07	−0.05	−0.09
家庭环境量表总分	0.21**	0.15*	0.32**	0.22**	0.17*	0.32**	0.37**

由表1-2-22的结果可以看出,大学生物质主义价值观量表总分与家庭环境量表总分以及其他五个维度存在显著正相关关系,只有在民主性这一维度上相关关系不显著。在物质主义价值观维度中,因子二(对健康的担心均分)和因子五(对情感和行为的控制均分)与家庭环境中个别维度中存在显著相关关系,而与其他维度的相关性并不显著。

3. 物质主义价值观与幸福感的相关分析

本研究采用Pearson对物质主义价值观和幸福感各个维度以及量表总分进行相关分析,结果见表1-2-23。

表1-2-23 大学生物质主义价值观和幸福感各个维度以及量表总分的相关分析

类别	成功	中心	幸福	物质主义价值观量表总分
因子一	−0.56**	−0.56**	−0.52**	−0.58**
因子二	−0.18*	−0.18*	−0.30**	−0.25**
因子三	−0.67**	−0.67**	−0.67**	−0.70**
因子四	−0.62**	−0.62**	−0.63**	−0.65**
因子五	−0.40**	−0.40**	−0.33**	−0.40**
因子六	−0.65**	−0.65**	−0.62**	−0.67**
幸福感量表总分	−0.84**	−0.84**	−0.84**	−0.88**

由表1-2-23的结果可以看出,大学生物质主义价值观量表总分以及各维度与幸福感量表总分以及各个维度均存在显著负相关关系。

(五)物质主义价值观在大学生家庭环境与幸福感之间的中介作用

由之前的相关分析可知,家庭环境对幸福感有预测作用,家庭环境对物质主义价值观有预测作用，物质主义价值观对幸福感有预测作用，因此，在进行中介作用分析时，选取家庭环境作为自变量，幸福感为因变量，探讨物质主义价值观在家庭环境对幸福感影响下的中介作用。本研究采用 Bootstrap 法，将数据标准化后使用 process 插件进行分析。研究结果见表 1－2－24。

表 1－2－24　总效应、直接效应及中介作用

| 类别 | 效应值 | Boot 标准误 | Bootstrap 95％CI | | 效应占比 |
			下限	上限	
直接效应	0.067	0.020	0.001	0.026	29.92％
间接效应	0.156	0.032	0.096	0.220	70.08％
总效应	0.266	0.050	0.164	0.361	

研究发现，在不考虑中介变量的情况下，将家庭环境量表总分作为自变量，幸福感作为因变量，采用逐步回归法进行回归统计，数据对模型拟合度良好（拟合度 $R=0.379$，$R^2=0.144$，$F=33.5852$，$p<0.001$），说明大学生家庭环境正向预测幸福感（$\beta=0.379$，$t=5.795$，$p<0.001$）。

将家庭环境量表总分作为自变量，物质主义价值观作为因变量，采用逐步回归法进行回归统计，其数据对模型拟合度良好（拟合度 $R=0.315$，$R^2=0.099$，$F=22.064$，$p<0.001$），说明大学生家庭环境负向预测物质主义价值观（$\beta=-0.315$，$t=-4.70$，$p<0.001$）。

将家庭环境量表总分和物质主义价值观作为自变量，幸福感作为因变量，采用逐步回归法进行回归统计，数据对模型拟合度良好（拟合度 $R=0.885$，$R^2=0.783$，$F=0.781$，$p<0.001$），说明加入物质主义价值观之后，大学生家庭环境仍能预测幸福感（$\beta=0.379$，$t=5.795$，$p<0.001$）。而物质主义价值观对幸福感可以进行负向预测（$\beta=-0.843$，$t=-24.236$，$p<0.001$），所以，物质主义价值观在家庭环境对幸福感的影响中起部分中介作用。本研究采用 Bootstrap 法抽样 5000 次计算物质主义价值观在大学生家庭环境和幸福感之间的中介作用，95％置信区间为 [0.156，0.361]，效应值为 0.266。中介作用模型如图 1－2－1 所示。

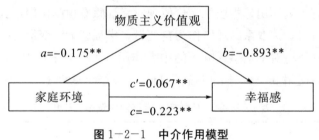

图 1-2-1　中介作用模型

三、结论

（1）大学生家庭环境与幸福感呈显著正相关（$r=0.379$，$p<0.001$），与物质主义价值观存在显著负相关关系（$r=-0.630$，$p<0.001$）；而物质主义价值观与幸福感存在显著负相关关系（$r=-0.956$，$p<0.001$）。

（2）大学生家庭环境与幸福感呈显著正相关（$\beta=0.379$，$t=5.795$，$p<0.001$），与物质主义价值观存在显著负相关关系（$\beta=-0.315$，$t=-4.70$，$p<0.001$）；而物质主义价值观与幸福感存在显著负相关关系（$\beta=-0.843$，$t=-24.236$，$p<0.001$）。

（3）物质主义价值观在家庭环境与幸福感之间起完全中介作用。对家庭环境因素的研究表明，父母情感温暖能显著地正向预测子女的幸福感（$\beta=0.194$，$t=4.470$，$p<0.001$）和自我效能感（$\beta=0.486$，$t=7.585$，$p<0.001$）。因此，我们可以通过改善家庭的情感温暖度和提升自我效能感以提升大学生幸福感；也可以通过构建良好的家庭环境，改善物质主义价值观水平，提升大学生幸福感和心理健康水平。

四、对策与建议

（1）家长应注意与孩子理性沟通，营造民主的家庭氛围。

（2）家庭教育要注重培养孩子正确的物质主义价值观。

（3）家长应培养孩子健康的消费观、理财意识及吃苦耐劳的精神。

（4）国家、社会应该加强对大学生价值观的教育和引导，大力宣传和弘扬中华民族的传统美德，把物质主义价值观的消极影响降到最低。同时，高校也要鼓励大学生积极进行社会实践，让他们真正了解社会上物质主义价值观的种种表现。

第二章　学校对大学生幸福感的影响

高校的校园环境和文化、教学条件、教学氛围和质量、生活设施等方面都影响着大学生的幸福感，丰富多彩的校园文化活动有利于增加学生的幸福感体验、缓解负性生活事件带来的压力、增加学习和生活的乐趣。大学生与教师、同学、朋友之间的人际关系也影响着他们的幸福感体验，和谐民主的师生关系和良性的朋辈关系有利于学生建立积极正向的情感体验，有助于提升大学生的幸福感。本部分将重点调查校园人际关系、大学生压力状况对大学生幸福感的影响。

第一节　大学生人际关系、成就动机与
幸福感的相关性研究

人际关系的本质可以概括为行为、情感和认知三个部分。中国学者张灵等的研究指出，人际关系是通过人与人之间的交往和相互作用而形成的心理连接，能反映人们为满足某种需求而产生的心理状态。[1] 师倩茹在对大学生人际关系的研究中将"人际关系"的概念界定为，大学生在校期间与周围人交往形成的直接心理联系。[2] 这一概念界定对于研究大学生的人际关系具有较高的适用性，因为它能够涵盖大学生在校园环境中与同学、教师、辅导员等各种人群之间的交往。人际关系的形成和发展可以在两个个体或一个群体之间进行，并且可以采取不同的形式。大学生之间的人际关系可以是友谊、恋爱关系，也可以是导师与学生的关系等。

---

① 张灵，郑雪，严标宾. 大学生人际关系困扰与主观幸福的关系研究 [J]. 心理发展与教育，2020（7）：116.

② 师倩茹. 大学生对言外之意的理解能力、人际关系和心理健康的关系研究 [D]. 石家庄：河北师范大学，2017.

"成就动机"概念最开始被一些学者定义为克服障碍、锻炼能力以及努力克服困难的愿望和倾向。之后学界关于成就动机的研究不断发展,其概念被扩展为对工作满意度的需要,并认为每个人的成就动机都具有一个相对稳定的水平。高成就者更倾向于参与更具挑战性和需要承担后果的困难活动,并愿意承担这样的任务。[①] 叶仁敏等认为成就动机具有相对稳定性,在不同情景环境下会展现出正向或负向的期望。[②] 基于这一理论,叶仁敏等修订了成就动机的测量表,将其分为正向和负向两种类型。

人际关系是大学生活中非常重要的一部分。良好的人际关系可以增强大学生的情感支持和自我价值感,促进个人的发展和成长,有益于提升大学生的自信心、满足感、成就感以及归属感。已有研究表明,大学生的幸福感与人际关系高度相关。本研究旨在探究大学生幸福感、人际关系和成就动机之间的关系,为提升大学生幸福感提供参考。

本次研究主要采用问卷调查法,选用幸福感量表、大学生人际关系综合诊断量表、成就动机量表三个量表对某高校 203 名大学生进行了问卷调查,运用描述性统计分析、独立样本 t 检验、方差分析、相关分析、回归分析的方法对数据进行分析,拟了解大学生幸福感与人际关系、成就动机之间的关系,研究人际关系、成就动机对大学生幸福感的影响机制,探讨从人际关系和成就动机方面提升大学生幸福感的方法。

一、研究设计

(一)研究假设

(1)大学生成就动机、人际关系在性别、是否参加过社团、户籍、年级上存在差异。

(2)大学生人际关系、成就动机与幸福感存在正相关。

(3)大学生的成就动机在人际关系与幸福感之间起中介作用。

(二)研究对象

本研究采用随机抽样的方法,线上、线下相结合进行问卷调查,总共发放

---

① 李雪艳. 人际关系与手机依赖——成就动机的中介作用述评 [D]. 南京:南京师范大学,2018.

② 叶仁敏,KUNT A HAGTVET. 成就动机的测量与分析 [J]. 心理发展与教育,1992(2):14.

问卷 231 份，回收有效问卷 203 份。对调查对象的基本情况按性别、户籍、年级、是否参加过社团进行划分。结果见表 2-1-1。

表 2-1-1　调查对象的基本信息

变量	分组	N	百分比
性别	男	98	48.3%
	女	105	51.7%
户籍	农村	106	52.3%
	城市	97	47.7%
年级	大一	46	22.7%
	大二	20	9.8%
	大三	21	10.3%
	大四	116	57.1%
是否参加过社团	是	121	59.7%
	否	82	40.3%

由表 2-1-1 可知，在性别上，男生 98 人，占总人数的 48.3%；女生 105 人，占总人数的 51.7%。在户籍上，农村户籍 106 人，占 52.3%；城市户籍 97 人，占 47.7%。在年级上，大一 46 人，占 22.7%；大二 20 人，占 9.8%；大三 21 人，占 10.3%；大四 116 人，占 57.1%。在是否参加过社团上，参加过社团的为 121 人，占 59.7%；没参加过社团的 82 人，占 40.3%。

（三）研究方法

本研究采用文献法、问卷调查法和统计分析法。

（四）研究工具

1. 总体幸福感量表

1977 年，美国国家卫生统计中心编制了总体幸福感量表，1996 年，段建华修订了该量表，仅使用前 18 个题目进行测试。[①] 该修订版采用了 1～6 级评分方式，极端得分为 1 级，完全不得分为 6 级，从对健康的担忧、精力、生活

---

① 段建华. 总体幸福感量表在我国大学生中的试用结果与分析 [J]. 中国临床心理学杂志，1996 (1)：56-57.

满意度和兴趣、忧郁或愉快的心境、情感和行为的控制、松弛和紧张六个方面来评估总体幸福感。在中国文化背景下，多个学者对该量表进行了信效度测试。结果表明，其能够很好地适用于中国社会中的人群。本研究将采用该量表来评估大学生幸福感。

2. 大学生人际关系综合诊断量表

该量表由北京师范大学郑日昌等编制，用于评估大学生的人际关系行为困扰。它共包含 28 个评估题目，涵盖了交谈、交际、待人接物和异性交往四个维度。该量表采取以"是"或"否"来进行回答的判断题评分制，总分越高，表明人际关系困扰程度越严重。得分范围为 0~8 分表示人际关系困扰较少，9~14 分表示存在一定程度关系困扰，15~28 分表示存在较严重的困扰。该量表能够全面且客观地评估困扰大学生人际关系的因素，并为团体心理辅导方案的设计提供指导，其内部一致性信度为 0.75，分半信度系数为 0.7849。该量表不仅适用于对个体人际关系的评估，也可用于对整体人际关系的评估，是我国学者在大学生人际关系研究中使用频率最高的量表之一。

3. 成就动机量表

该量表最初由挪威心理学家 Gjesme 和 Nygard 于 1970 年编制，后经叶仁敏等修订。量表由 30 道题目组成，分为两部分，每部分包含 15 道题目，分别测量个体的追求成功动机和避免失败动机。该量表采用 4 点评分制度，分别对应着完全不符合、有些不符合、比较符合和完全符合，分值分别为 1、2、3、4。成就动机得分通过追求成功动机得分减去避免失败动机得分即（MS−MF）计算，得分越高表示成就动机越强。该量表在我国应用广泛，具有较好的信效度。量表的分半信度为 0.77（$p < 0.01$），效度为 0.58（$p < 0.01$）。

二、结果与分析

（一）大学生人际关系、成就动机和幸福感的现状分析

1. 大学生人际关系的一般现状

根据表 2−1−2 的数据，参与测试的大学生人际关系困扰总分平均值为 19.36，标准差为 7.75。根据研究中使用的大学生人际关系综合诊断量表评分标准，得分在 0~8 分之间表示人际关系困扰较少，得分在 9~14 分之间表示存在一定的困扰，得分在 15~28 分之间表示人际关系困扰较为严重，得分超过 20 分表示人际关系困扰非常严重。

表 2-1-2　大学生人际关系描述统计分析

维度	N	均值（M）	标准差（SD）
交谈方面的困扰	203	4.88	2.16
交际方面的困扰	203	4.68	2.20
待人接物的困扰	203	4.84	2.10
异性交往的困扰	203	4.96	2.09
综合得分	203	19.36	7.75

在本研究中，参与者的人际关系困扰总分平均值为 19.36，超过了 15 分，即参与测试的大学生群体在人际关系方面可能存在着较为严重的困扰，这一问题值得引起人们重视。

2. 大学生成就动机的一般现状

成就动机得分的计算方式为追求成功的动机减去避免失败的动机，见表 2-1-3，大学生成就动机的均分为 -8.34。在该量表中，得分越高，表示成就动机越强。量表得分大于 0 分，属于高分特质；得分等于 0 分，属于中等特质；得分小于 0 分，属于低分特质。参与测试的大学生成就动机总体特质为低分特质。

表 2-1-3　大学生成就动机描述统计分析

维度	N	均值（M）	标准差（SD）
追求成功的动机	203	39.57	14.05
避免失败的动机	203	47.92	10.41
成就动机得分	203	-8.34	14.42

3. 大学生幸福感的一般现状

如表 2-1-4 所示，大学生幸福感总分为 71.00 分，标准差为 9.51。根据该量表的描述，得分越高，幸福感越高，量表满分为 120.00 分。综上，参与测试的 203 名大学生的总体幸福感水平较高。

表 2-1-4　大学生幸福感描述统计分析

维度	N	均值（M）	标准差（SD）
忧郁或愉快的心境	203	16.29	3.53
松弛和紧张	203	15.49	3.12
对健康的担心	203	7.78	2.69
生活满足和兴趣	203	3.49	1.26
对情感和行为的控制	203	10.81	1.99
精力	203	17.13	3.59
幸福感量表总分	203	71.00	9.51

（二）大学生幸福感、成就动机和人际关系在人口统计学变量上的差异

1. 不同性别大学生幸福感、成就动机和人际关系的差异

由表 2-1-5 可知，大学生的幸福感在性别上不存在显著差异（$t = -0.772, p > 0.05$），在成就动机上不存在显著差异（$t = 0.421, p > 0.05$），在人际关系方面不存在显著差异（$t = 0.674, p > 0.05$）。

表 2-1-5　大学生幸福感、成就动机和人际关系在性别上的差异

维度	男性 M±SD	女性 M±SD	t	p
幸福感	70.47±8.67	71.49±10.24	−0.772	0.094
成就动机	−7.91±14.36	−8.76±14.52	0.421	0.586
人际关系	19.74±7.86	19.01±7.68	0.674	0.876

由表 2-1-6 可知，大学生在忧郁或愉快的心境、松弛和紧张、对健康的担心、对情感和行为的控制、精力、追求成功的动机、避免失败的动机、交谈方面的困扰、交际方面的困扰、待人接物的困扰、异性交往的困扰等方面在性别上不具有显著差异（$p > 0.05$）；而在生活满足和兴趣方面存在非常显著的性别差异（$p < 0.01$）。

表2-1-6　大学生幸福感、成就动机和人际关系各因素在性别上的差异

因素	男性 M±SD	女性 M±SD	t	p
忧郁或愉快的心境	16.05±3.25	16.50±3.77	−0.916	0.062
松弛和紧张	15.24±3.03	15.71±3.19	−1.072	0.572
对健康的担心	7.65±2.51	7.90±2.86	−0.640	0.158
生活满足和兴趣	3.63±1.14	3.37±1.36	1.471	0.009**
对情感和行为的控制	10.90±2.03	10.72±1.97	0.657	0.989
精力	16.98±3.57	17.29±3.63	−0.605	0.492
追求成功的动机	40.02±13.56	39.15±14.54	0.439	0.103
避免失败的动机	47.93±10.27	47.91±10.58	0.010	0.555
交谈方面的困扰	4.91±2.24	4.83±2.10	0.263	0.594
交际方面的困扰	4.74±2.22	4.62±2.21	0.374	0.687
待人接物的困扰	5.02±2.02	4.69±2.17	1.135	0.271
异性交往的困扰	5.06±2.13	4.86±2.05	0.693	0.766

2. 不同年级大学生幸福感、成就动机和人际关系的差异

由表2-1-7可知，大学生幸福感、成就动机、人际关系在年级上不存在显著差异（$p>0.05$）。

表2-1-7　大学生幸福感、成就动机和人际关系在年级上的差异

维度	大一 M±SD	大二 M±SD	大三 M±SD	大四 M±SD	F	p
幸福感	69.59±8.61	72.38±8.32	72.07±9.11	69.80±11.43	1.191	0.314
成就动机	−7.54±13.37	−7.61±14.35	−8.67±14.92	−9.36±15.12	0.182	0.909
人际关系	19.39±7.35	18.51±7.26	21.15±7.43	18.11±8.69	1.686	0.171

由表2-1-8的数据可知，不同年级的大学生在人际关系、成就动机和幸福感各因素上的均值存在差异。其中，在幸福感的精力因素上，不同年级的大学生具有非常显著的差异（$p<0.01$），大二学生的得分显著高于其他年级的；在人际关系的交谈方面的困扰这一因素上，不同年龄段的大学生具有显著的差异（$p<0.05$），大一和大三学生的得分较高于大二和大四学生的。不同年级学生在其他因素上则不存在显著差异（$p>0.05$）。

表2-1-8 大学生幸福感、成就动机和人际关系各因素在年级上的差异

因素	大一 M±SD	大二 M±SD	大三 M±SD	大四 M±SD	F	p
忧郁或愉快 的心境	16.32±3.34	15.78±4.03	16.74±3.32	16.19±3.39	0.647	0.586
松弛和紧张	14.89±3.22	16.06±3.04	15.62±3.21	15.34±2.95	1.169	0.323
对健康 的担心	7.11±2.40	7.79±3.22	8.21±2.01	7.88±3.01	1.477	0.222
生活满足 和兴趣	3.50±1.24	3.53±1.31	3.66±1.26	3.29±1.26	0.779	0.507
对情感和 行为的控制	10.89±2.02	10.55±2.39	10.94±1.84	10.82±1.75	0.375	0.771
精力	16.87±3.56	18.66±3.39	16.89±2.94	16.26±4.11	4.181	0.007**
追求成功的 动机	41.87±13.86	42.00±14.53	39.36±13.90	35.57±13.38	2.329	0.076
避免失败的 动机	49.41±9.47	49.61±10.54	48.03±10.18	44.94±10.95	2.191	0.090
交谈方面 的困扰	5.17±1.91	4.57±2.05	5.37±1.92	4.32±2.59	2.825	0.040*
交际方面 的困扰	4.23±2.34	4.42±2.11	5.17±2.17	4.76±2.15	1.829	0.143
待人接物 的困扰	4.86±2.05	4.76±1.91	5.32±1.91	4.36±2.42	1.974	0.119
异性交往 的困扰	5.11±1.74	4.74±2.07	5.27±2.14	4.65±2.32	1.055	0.369

3. 不同户籍大学生幸福感、成就动机和人际关系的差异

由表2-1-9可知，大学生的人际关系在户籍上存在非常显著的差异（$p < 0.01$），农村户籍大学生的人际关系困扰得分显著高于城市户籍学生的。大学生的成就动机和幸福感则不具有户籍上的显著差异（$p > 0.05$）。

表2-1-9 大学生幸福感、成就动机和人际关系在户籍上的差异

维度	城市 M±SD	农村 M±SD	t	p
幸福感	70.68±10.63	71.29±8.38	0.457	0.648

续表

维度	城市 M±SD	农村 M±SD	t	p
成就动机	−6.43±14.32	−10.10±14.34	−1.822	0.070
人际关系	17.78±7.90	20.81±7.37	2.825	0.005**

　　针对不同户籍大学生的人际关系、成就动机和幸福感进行差异性检验发现，在交谈方面的困扰和异性交往的困扰因素上，不同户籍的大学生存在非常显著的差异（$p < 0.01$）；在交际方面的困扰和待人接物方面的困扰因素上，不同户籍的大学生存在显著差异（$p < 0.05$）。具体结果见表 2−1−10。

表 2−1−10　大学生幸福感、成就动机和人际关系各因素在户籍上的差异

因素	城市 M±SD	农村 M±SD	t	p
忧郁或愉快的心境	16.26±3.55	16.30±3.51	0.068	0.949
松弛和紧张	15.40±3.45	15.56±2.79	0.373	0.709
对健康的担心	7.8±2.99	7.70±2.40	−0.391	0.696
生活满足和兴趣	3.49±1.31	3.50±1.23	0.029	0.977
对情感和行为的控制	10.53±2.26	11.07±1.68	1.902	0.059
精力	17.12±3.94	17.15±3.26	0.054	0.957
追求成功的动机	41.36±13.60	37.93±14.31	−1.745	0.083
避免失败的动机	47.79±11.12	48.04±9.76	0.166	0.868
交谈方面的困扰	4.44±2.30	5.27±1.96	2.773	0.006**
交际方面的困扰	4.29±2.21	5.04±2.15	2.474	0.014*
待人接物的困扰	4.53±2.10	5.13±2.07	2.034	0.043*
异性交往的困扰	4.51±2.17	5.35±1.94	2.920	0.004**

　　4. 是否参加过社团在大学生幸福感、成就动机和人际关系上的差异

　　大学生在各量表总分及各维度的 p 值都大于 0.05，说明大学生幸福感、成就动机、人际关系及其各因素在是否参加过社团上并不存在显著差异（$p > 0.05$）。具体结果见表 2−1−11 和表 2−1−12。

表 2-1-11　大学生幸福感、成就动机和人际关系在是否参加过社团上的差异

维度	参加过社团 M±SD	未参与社团 M±SD	t	p
幸福感	71.24±9.49	70.63±9.57	0.450	0.653
成就动机	−8.38±13.59	−8.30±15.64	−0.036	0.971
人际关系	19.69±7.49	18.89±8.16	0.716	0.475

表 2-1-12　大学生幸福感、成就动机和人际关系各因素在是否参加过社团上的差异

因素	参加过社团 M±SD	未参与社团 M±SD	t	p
忧郁或愉快的心境	16.28±3.56	16.28±3.49	0.017	0.986
松弛和紧张	15.23±3.22	15.87±2.94	−1.426	0.155
对健康的担心	7.97±2.59	7.50±2.82	−1.214	0.226
生活满足和兴趣	3.59±1.15	3.35±1.41	1.334	0.184
对情感和行为的控制	10.90±1.99	10.68±2.01	0.762	0.447
精力	17.26±3.68	16.95±3.47	0.608	0.544
追求成功的动机	39.57±13.90	39.57±14.34	−0.001	0.999
避免失败的动机	47.95±10.24	47.87±10.70	0.048	0.961
交谈方面的困扰	5.04±1.99	4.62±2.39	1.383	0.168
交际方面的困扰	4.74±2.15	4.59±2.29	0.462	0.645
待人接物的困扰	4.89±2.08	4.78±2.13	0.372	0.710
异性交往的困扰	5.00±2.06	4.89±2.14	0.366	0.715

（三）大学生幸福感、成就动机与人际关系的相关分析

1. 大学生幸福感与成就动机的相关分析

将大学生幸福感和成就动机进行 Pearson 相关分析，得到表 2-1-13，从表中数据可以看出：总的来说，幸福感与成就动机呈显著负相关（$p < 0.05$），大学生的成就动机越高，幸福感越低。幸福感的松弛和紧张、对健康的担心、生活满足和兴趣维度都与追求成功的动机维度显著负相关（$p < 0.01$）。

表 2-1-13　大学生幸福感及其各维度与成就动机的相关分析

因素	成就动机	避免失败的动机	追求成功的动机
忧郁或愉快的心境	−0.121	0.101	−0.049
松弛和紧张	−0.207**	0.017	−0.200**
对健康的担心	−0.240**	0.045	−0.213**
生活满足和兴趣	−0.219**	0.021	−0.209**
对情感和行为的控制	−0.083	0.021	−0.070
精力	0.019	0.099	0.107
幸福感	−0.220**	0.103	−0.149*

2. 大学生幸福感与人际关系的相关分析

对幸福感与人际关系进行相关分析，可得表 2-1-14。由表可知，大学生幸福感与人际交往困扰并不存在显著相关性（$p > 0.05$），但人际交往与幸福感的生活满足与兴趣因素呈显著负相关（$p < 0.01$）。

表 2-1-14　大学生幸福感及其各维度与人际关系的相关分析

因素	交谈的困扰	交际的困扰	待人接物的困扰	异性交往的困扰	人际交往
忧郁或愉快的心境	0.035	−0.010	0.085	0.106	0.059
松弛和紧张	0.088	0.121	0.162*	0.074	0.123
对健康的担心	0.056	0.141*	0.087	0.067	0.097
生活满足和兴趣	0.304**	0.291**	−0.424**	0.299**	0.363**
对情感和行为的控制	0.006	0.024	0.047	0.021	0.027
精力	−0.069	−0.086	−0.023	−0.026	−0.043
幸福感	0.073	0.087	−0.167*	0.137	0.128

3. 大学生成就动机与人际关系的相关分析

从表 2-1-15 中数据可以看出，成就动机总得分与人际关系困扰总得分呈显著负相关（$p < 0.01$）。也就是说，人际关系的困扰越多，成就动机就越低。详细来看，人际关系困扰主要是与成就动机的追求成功的动机因素呈显著负相关（$p < 0.01$），人际关系的各因素也主要与成就动机的追求成功的动机因素呈显著负相关（$p < 0.01$），其中待人接物的困扰与避免失败的动机呈显

著正相关（$p<0.05$）。

表 2-1-15　大学生成就动机及其各维度与人际关系的相关分析

类别	成就动机	避免失败的动机	追求成功的动机
交谈方面的困扰	−0.466**	0.121	−0.389**
交际方面的困扰	−0.510**	0.092	−0.455**
待人接物的困扰	−0.483**	0.145*	−0.388**
异性交往的困扰	−0.429**	0.108	−0.361**
人际关系	−0.522**	0.128	−0.440**

（四）大学生幸福感、成就动机与人际关系的回归分析

为了进一步验证为了大学生幸福感、成就动机、人际关系及其各因素之间的内在联系，考察成就动机、人际关系及其各因素对幸福感的预测力，本研究将采用线性回归分析，考察各变量之间是否可以建立恰当的回归关系。

1. 幸福感对成就动机的回归分析

根据实验结果可知，成就动机与幸福感呈显著负相关，而人际关系困扰与幸福感并无显著相关性，因此，本研究在此基础上对成就动机与幸福感进行回归分析。

从表 2-1-16 可以看出，模型 R^2 为 0.082，意味着成就动机可以解释幸福感 8.2% 的变化原因。对模型进行 F 检验时发现，模型通过 F 检验（$F=8.784$，$p=0.004<0.05$），即成就动机得分一定会对幸福感产生影响，具体如下：成就动机得分的回归系数值为 −0.195（$t=−2.964$，$p=0.004<0.01$），意味着成就动机会对幸福感产生显著的负向影响。综上可知，成就动机会对幸福感产生显著的负向影响。

表 2-1-16　幸福感对成就动机的回归分析

因变量	自变量	未标准化系数		标准化系数	t	B 的 95% 置信区间		F	R^2
		B	标准误	β		上限	下限		
幸福感	（常量）	68.16	1.46		46.44**	65.28	71.03	8.78	0.082
	成就动机	−0.19	0.06	−0.28	−0.29**	−0.32	−0.06		

2. 成就动机对人际关系的回归分析

从表 2-1-17 可知，将人际关系困扰作为自变量，将成就动机得分作为

因变量进行线性回归分析，易知，模型 R^2 值为 0.101，意味着人际困扰总分可以解释成就动机得分 10.1% 的变化原因。对模型进行 F 检验时，发现模型通过 F 检验（$F=10.958$，$p=0.001<0.05$），即人际关系困扰会对成就动机产生影响关系，具体如下：人际关系困扰的回归系数值为 -0.625（$t=-3.310$，$p=0.001<0.01$），这意味着人际关系困扰会对成就动机产生显著的负向影响。综上可知，人际关系困扰会对成就动机产生显著的负向影响。

表 2-1-17　幸福感对成就动机的回归分析

因变量	自变量	未标准化系数		标准化系数 β	t	B 的 95% 置信区间		F	R^2
		B	标准误			上限	下限		
成就动机	（常量）	-0.747	4.674		-0.16	65.28	71.03	10.95	0.101
	人际关系困扰	-0.625	0.189	-0.317	-3.31^{**}	-0.32	-0.06		

三、研究结论

（1）大学生幸福感（总体得分 71.00 分）较高，人际关系困扰（平均值为 19.37）较严重；成就动机（均分为 -8.34）偏低。

（2）大学生幸福感中满足与兴趣因素在性别上存在显著差异（$p<0.01$），精力因素在年级上存在显著差异（$p<0.01$）；人际关系困扰在户籍上存在显著差异（$p<0.01$）。

（3）幸福感与成就动机之间存在显著负相关关系（$p<0.01$），成就动机与人际关系困扰存在显著负相关关系（$p<0.01$）。

四、对策与建议

（一）培养人际交往能力

参与调查的大学生普遍存在着严重的人际交往困扰，经历了新型冠状病毒感染疫情的大多数大学生都未能享受到大学生活应该有的社交体验。对于从高中到大学的大一新生来说，人际适应问题也显露出来，新生交往存在着广泛的地域差异，如农村户籍与城市户籍学生的差异明显。大学生可采用以下方法培养自身人际交往能力：学习积极表达自己的观点和感受，同时倾听他人的意见和建议；改善非语言沟通，如姿态、眼神接触和面部表情，以增进沟通效果；多参加社交活动，如学校社团等组织，积极与他人交流和互动；学会建立初步联系和保持联系的技巧。

同时，学校可以为大学生的人际交往提供一定帮助，如开设一些旨在培养人际交往能力的相关课程。课程的目的是为学生创造一个良好的社交环境，给予大学生们专业的社交训练，尤其是在同学关系的场景下，为大学生提供更多培训，帮助他们在经历学校人际交往的空白期后更好地融入班集体，让相对内向、不自信或者不愿与人交往的大学生也能从中获得良好的情绪体验。

（二）正确认识失败，提高成就动机

大学生肩负着许多社会和家庭的期望，会感到更大的学习和生活压力，在日常生活中面临更多困难。大学生可以参加挫折教育，这能帮助学生正确认识生活中的困难。学校可以教授学生更多应对挫折的方式，包括如何认知和处理挫折、如何采取积极的方式应对挫折等。这些课程可以帮助学生树立正确的人生观和价值观，提高他们的应对能力，同时减轻他们的心理压力。

学校也可以提供更多的支持和资源，如开展职业规划和就业支持活动、组织教师提供学术支持和指导等。这些支持和资源可以帮助学生更好地应对挑战和困难，提高他们的抗挫折能力，从而保持心理健康和幸福感。大学生也可以通过加入志同道合的组织，如学生社团、志愿者组织、同学会等，找到志同道合的人，分享彼此的经验和面临的挑战，建立可以互相支持和鼓励的社群。

（三）设置合理的期望

研究显示，随着社会的快速发展，社会对大学生的要求在提高。虽然设定高目标可以激励大学生为之奋斗，但期望过高可能会起反作用。大学生可以学会为自己设定合理的目标和期望，并学会接受失败和挫折。大学生可以培养积极的心态和乐观的态度，积极应对失败和挫折，寻求支持和帮助，既可以增强抗挫折能力，也可以提升幸福感。

大学生要保持合理的生活方式，如合理安排学习、工作和休闲的时间，确保充足的睡眠和休息。此外，大学生可以培养兴趣爱好、参加自己喜爱的体育运动、文化艺术活动或社会公益事业，丰富自己的生活，提升幸福感。

在遇到困难时，大学生可以利用学校提供的心理咨询服务，寻求专业的帮助。同时，大学生也可以主动参加心理健康工作坊、研讨会和讲座，学习心理调适和压力管理的技巧。通过学习和实践这些技巧，可以增强大学生应对挑战和困难的能力，提升幸福感。

第二节　大学生压力与幸福感的关系研究：
心理韧性的中介作用

有学者认为人的压力来自三个层面：首先是客观环境中存在威胁性刺激，其次是由威胁性刺激引发的一系列心理或行为反应，最后是威胁性刺激与反应之间的交互作用。也有学者认为，心理学意义上的压力包括三层含义：一是压力源，二是个体对压力源的反应，三是压力感。

国内外学界对心理韧性的定义主要分为三种，分别是结果性定义、过程性定义、品质性定义。结果性定义，顾名思义是对心理韧性从发展结果上进行定义。过程性定义则是将心理韧性视为一种动态的发展变化过程。而品质性定义则将心理韧性定义为个体所具备的一种能力或品质，如个体能否采用灵活的应对方式来适应外界环境。

在大学期间，除学业压力外，大学生还面临多重压力，如人际关系压力、考研压力、就业压力等，压力的大小直接影响大学生的幸福感水平；而心理韧性作为一种能够让个体通过动态调整以适应压力的人格特质，对压力水平的调节和幸福感水平会产生较大的影响。因此，本研究拟对大学生压力、心理韧性及幸福感的状况进行调查，研究其相关性及影响机制。

本研究采用由李虹、梅锦荣编制的大学生压力量表，邢占军 2002 年修订的主观幸福感量表，以及张建新、于肖楠修订的心理韧性量表，对某大学在校大学生进行问卷调查。共计发放问卷 320 份，经过筛选，最终回收有效问卷232 份。

一、研究设计

（一）研究目的

本研究的目的是研究幸福感与大学生压力和心理韧性之间的关系，以帮助家长、教师、学校和社会了解大学生的心理健康状况，帮助大学生在面对压力时采取有效的应对措施，为大学生的心理健康教育工作提供参考。

（二）研究假设

（1）大学生压力与幸福感之间存在负相关关系，且压力对幸福感有负向预测作用。

（2）大学生幸福感与心理韧性之间存在正相关关系，且心理韧性对幸福感有正向预测作用。

（3）心理韧性在大学生压力与幸福感之间起中介作用。

（三）研究对象

本研究针对某大学大一到大四的学生进行调查，对回收的 320 份问卷进行筛选，筛选出有效问卷 232 份。本研究的信度为 0.83，效度为 0.84。调查对象基本情况见表 2-2-1。

表 2-2-1　调查对象基本情况

变量	类别	人数（人）	百分比（%）
性别	男	102	43.97
	女	130	56.03
专业	理科	128	55.17
	文科	104	44.83
年级	大一	48	20.69
	大二	66	28.45
	大三	43	18.53
	大四	75	32.33
生源地	城市	126	54.31
	农村	106	45.69

（四）研究工具

1. 大学生压力量表

本研究采用李虹、梅锦荣编制的大学生压力量表，包含 30 个题目。该量表采用 4 点计分方式，其中 1 代表没有压力，2 代表轻度压力，3 代表中度压力，4 代表严重压力，总分越高代表压力越大。该量表的内部一致性信度为 0.78，信度水平较高。

2. 主观幸福感量表

本研究采用由我国学者邢占军于 2002 年修订为中文版的主观幸福感量表，共 20 个题目。该量表将研究对象的感受、反应及认同程度作为评定指标，采用 6 点记分的方法进行记分。该量表的内部一致性信度为 0.759，信度水平较高，可以使用。

3. 心理韧性量表

本研究采用张建新、于肖楠于 2007 年翻译并修订的心理韧性量表。该量表共包括 25 个题目，采用 5 点记分法，其内部一致性信度为 0.89，重测信度为 0.87。

二、结果与分析

（一）大学生压力、心理韧性与幸福感的描述统计

通过数据分析，本研究发现大学生压力的得分为 2.09±0.41（最低分为 1 分，最高分为 4 分），幸福感的得分为 3.97±0.58（最低分为 1 分，最高分为 6 分），心理韧性的得分为 3.39±0.44（最低分为 1 分，最高分为 5 分），详见表 2-2-2。

表 2-2-2　大学生压力、心理韧性与幸福感的描述性分析

类别	N	M	Min	Max	SD
大学生压力	232	2.09	1.05	2.95	0.41
幸福感	232	3.97	2.35	5.65	0.58
心理韧性	232	3.39	2.00	4.28	0.44

（二）大学生压力、心理韧性与幸福感在人口统计学上的差异分析

从表 2-2-3 可知，大学生压力在性别上存在显著差异（$p = 0.006 < 0.05$），女生的压力感大于男生的；心理韧性在性别上存在显著差异（$p = 0.004 < 0.05$），男生的心理韧性比女生的心理韧性更高。

表 2-2-3　大学生压力、心理韧性与幸福感在性别上的差异分析

类别	性别	N	M	SD	t	p
大学生压力	男	102	2.01	0.41	-2.77^{**}	0.006
	女	130	2.16	0.40		

续表

类别	性别	N	M	SD	t	p
心理韧性	男	102	3.49	0.47	2.93**	0.004
	女	130	3.32	0.42		
幸福感	男	102	4.04	0.59	1.78	0.077
	女	130	3.91	0.56		

对表 2-2-4 的数据进行分析可知，心理韧性在专业类别上有显著差异（$p=0.03<0.05$），大学生的压力、幸福感在专业类别上无差异。

表 2-2-4　大学生压力、心理韧性与幸福感在专业类别上的差异分析

类别	专业类别	N	M	SD	t	p
大学生压力	理科	128	2.11	0.40	0.72	0.48
	文科	104	2.07	0.43		
心理韧性	理科	128	3.45	0.40	2.24*	0.03
	文科	104	3.32	0.48		
幸福感	理科	128	3.98	0.58	0.43	0.67
	文科	104	3.95	0.58		

对表 2-2-5 的数据进行分析可知，幸福感在生源地上有显著差异（$p=0.03<0.05$）。生源地为城市的学生的幸福感高于生源地为农村的学生的。

表 2-2-5　大学生压力、心理韧性与幸福感在生源地上的差异分析

类别	生源地	N	M	SD	t	p
大学生压力	城市	126	2.10	0.37	0.25	0.80
	农村	106	2.08	0.46		
心理韧性	城市	126	3.41	0.44	0.60	0.55
	农村	106	3.37	0.44		
幸福感	城市	126	4.04	0.58	2.17*	0.03
	农村	106	3.88	0.57		

对表 2-2-6 的数据进行分析可知，大学生压力在年级上有显著差异（$p=0.014<0.05$），表现为年级越低，压力越小；反之，年级越高，压力越大。心理韧性在年级上有显著差异（$p<0.001$）。幸福感在年级上有显著差异（$p=0.002<0.05$）。

表 2-2-6　大学生压力、心理韧性与幸福感在年级上的差异分析

类别	年级	N	M	SD	F	p
大学生压力	大一	48	2.00	0.39	3.63*	0.014
	大二	66	2.00	0.37		
	大三	43	2.17	0.44		
	大四	75	2.18	0.41		
心理韧性	大一	48	3.56	0.47	6.50***	0.000
	大二	66	3.44	0.39		
	大三	43	3.41	0.41		
	大四	75	3.23	0.43		
幸福感	大一	48	4.08	0.58	5.24**	0.002
	大二	66	4.11	0.48		
	大三	43	3.97	0.59		
	大四	75	3.77	0.60		

（三）大学生压力、心理韧性与幸福感的相关分析

1. 大学生压力、心理韧性与幸福感的相关分析

通过对表 2-2-7 的数据进行分析可知，大学生压力与心理韧性存在显著负相关关系，大学生压力与幸福感存在显著负相关关系，心理韧性与幸福感存在显著正相关关系。

表 2-2-7　大学生压力、心理韧性与幸福感的相关分析

类别	大学生压力	心理韧性	幸福感
大学生压力	1.000		
心理韧性	−0.384**	1.000	
幸福感	−0.295**	0.392**	1.000

2. 心理韧性在压力与幸福感之间的中介作用

通过对表 2-2-8 的数据分析得知，大学生压力对幸福感有显著的影响（$t=-4.10$，$p<0.001$），解释变异量为 26%，心理韧性对幸福感有显著的影响（$t=5.65$，$p<0.001$），解释变异量为 36%。

表 2-2-8   中介模型中变量的回归分析

回归方程		整体拟合指标			回归系数显著性	
结果变量	预测变量	R	R^2	F	β	t
幸福感	大学生压力	0.364	0.133	6.91	-0.26	-4.10 ***
	心理韧性	0.428	0.183	10.14	0.36	5.65 ***

通过对表 2-2-9 的数据分析得知，心理韧性在大学生压力与幸福感的关系中有显著的中介作用（-0.248，-0.064）；心理韧性对幸福感有着显著的直接影响（-0.408，-0.043）。即心理韧性在大学生压力和幸福感的关系中存在部分中介作用，作用大小为-0.146，心理韧性的中介作用在总效应中占比 39%，表明大学生压力有 39% 的程度通过心理韧性来影响幸福感。数据详情见表 2-2-9，并据此做出中介模型，如图 2-2-1 所示。

表 2-2-9   中介作用检验的 Bootstrap 分析

类别	effect	Boot SE	Boot LLCI	Boot ULCI	效应占比（%）
间接效应	-0.146	0.047	-0.248	-0.064	39
直接效应	-0.225	0.093	-0.408	-0.043	61
总效应	-0.371	0.091	-0.550	-0.193	

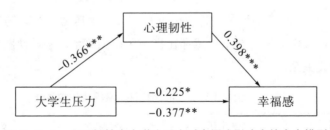

图 2-2-1   心理韧性在大学生压力对幸福感影响中的中介模型

三、结论

（1）高校学生的压力在年级上存在显著差异（$p=0.014<0.05$），且低年级大学生的压力低于高年级的大学生的；在专业、生源地上差异不显著。高校学生的幸福感在年级上存在显著差异（$p=0.002<0.05$），低年级大学生的幸福感高于高年级大学生的幸福感；在性别上不存在显著差异。高校学生的心理韧性在年级上存在显著差异（$p<0.001$），在专业上存在显著差异（$p=0.03<0.05$），在生源地上差异不显著。

（2）高校学生的压力与幸福感呈显著负相关，相关系数为-0.30；心理韧性与幸福感呈显著正相关，相关系数为 0.40；大学生压力与心理韧性呈显著负相关，相关系数为-0.38。

（3）心理韧性在大学生压力与幸福感之间起部分中介作用，作用大小为-0.164，且心理韧性的中介作用在总效应上的占比为 39％。

四、对策与建议

研究表明，城市户籍大学生的幸福感高于农村户籍大学生的幸福感，对此，我们建议：

（1）增加学校的勤工俭学岗位，让农村户籍大学生能通过自己的努力获得报酬，缓解自身因家庭经济状况带来的压力，从而增加其幸福感水平。

（2）高年级大学生的幸福感低于低年级大学生的，其中大四学生的幸福感最低，建议针对大四学生开设减轻压力的活动与课程等，帮助其正确应对压力，提高幸福感。

（3）在心理韧性上，男生的心理韧性较女生的心理韧性强，建议针对女生开展相关讲座或心理辅导，提高大学女生的心理韧性。

第三章　社会对大学生幸福感的影响

社会因素对个体幸福感的影响主要体现在社会支持方面，社会支持包括主观支持、客观支持以及个体对支持的利用度。高校可以通过提供物质或精神上的帮助及情绪情感支持，增加大学生的安全感、归属感、自尊感等正向情感，进而提升学生个体的幸福感体验。[①] 社会支持对大学生的幸福感体验有着较大影响，如果大学生个体拥有良好的社会支持系统，在遇到困难或者负性生活事件时能够得到家人、朋友的支持和帮助，将有助于减少其挫败感，增强其适应性和抗压能力，提高其生活满意度、积极情感和幸福感水平。

第一节　大学生社会支持、物质主义价值观与幸福感的关系研究

学界对社会支持的定义非常广泛，有学者认为社会支持共有六种形式：物质支持、行为帮助、情感联系、指导、反馈和娱乐互动。[②] 目前，国内沿用最多的是肖水源提出的定义，他认为社会支持包括主观支持、客观支持以及个体对支持的利用度。[③] 这一定义不仅对社会支持的内容进行了分类，还增加了被支持者对支持者所提供的资源的利用程度这一角度。

物质主义价值观，一般可理解为，人们在日常生活中只重视物质而忽视了

---

① 马小红，丁凤琴. 大学生物质主义价值观、感恩与生活满意度的关系 [J]. 中国健康心理学杂志，2020 (11)：21.

② 周林刚，冯建华. 社会支持理论——一个文献的回顾 [J]. 广西师范学院学报，2005 (3)：11.

③ 肖水源.《社会支持评定量表》的理论基础与研究应用 [J]. 临床精神医学杂志，1994 (2)：98.

精神层面的追求，是一种以物质为重点的生活方式、观点或倾向。Richins 和 Dawson 将物质主义价值观定义为一种个人价值观，这种价值观非常重视个体所拥有的物质财富。

对于大学生来说，不恰当的物质主义价值观可能会导致其对物质财富产生不正确的态度，影响其幸福感，最终影响身心健康。有研究显示，社会支持是影响人心理健康的重要因素，对个体的发展起着积极作用。研究社会支持、物质主义价值观、大学生幸福感三者之间的关系，对大学生的健康发展与未来发展具有重要的作用。本研究采用物质主义价值观量表、大学生社会支持评定量表和总体幸福感量表，对某高校 396 位在校大学生进行调查，共回收问卷 396 份，其中有效问卷 315 份。

一、研究设计

（一）研究目的

了解大学生的社会支持、物质主义价值观现状，探讨大学生物质主义价值观、社会支持与幸福感三者之间的关系，研究社会支持是否在大学生物质主义价值观与幸福感之间发挥中介作用，有针对性地提出相应的对策。

（二）研究假设

（1）大学生物质主义价值观与社会支持呈负相关，物质主义价值观能负向预测社会支持。

（2）大学生社会支持与幸福感呈正相关，社会支持能正向预测大学生幸福感。

（3）社会支持在大学生物质主义价值观与幸福感之间具有中介作用。

（三）研究对象

本研究以高校在校大学生为研究对象，进行调查，共发放问卷 396 份，剔除无效问卷后，共计 315 份。表 3-1-1 为调查对象的基本信息。

表 3-1-1　调查对象基本信息

变量	分组	人数	百分比
性别	男	115	37%
	女	200	64%

变量	分组	人数	百分比
生源地	城市	170	54%
	农村	145	46%
专业	文史	154	49%
	理工	161	51%
年级	大一	25	8%
	大二	66	21%
	大三	59	19%
	大四	165	52%
是否独生	独生	148	47%
	非独生	167	53%
家庭月总收入	3000 元以下	14	4%
	3000～5000 元	53	17%
	5000～8000 元	113	36%
	8000～10000 元	96	31%
	10000 元以上	39	12%

（四）研究工具

1. 物质主义价值观量表

本研究采用的物质主义价值观量表是由 Richins 和 Dawson 编制，国内学者李静、郭永玉结合中国现状进行修订的量表。量表包含三个维度：成功维度（以物质占有为成功的定义）、幸福维度（以获取财物为追求幸福的手段）、中心维度（以获取财物为中心）。修订后的量表内部一致性信度为 0.792，重测信度为 0.830，符合心理测量学的要求。

2. 大学生社会支持评定量表

该量表是叶悦妹与戴晓阳（2008）以肖水源对社会支持的定义为理论基础而编制的，共 17 个题目，3 个分量表，使用李克特 5 点评分法。量表的内部一致性信度在 0.81～0.91 之间，信度较好。

3. 总体幸福感量表

总体幸福感量表由段建华于 1996 年进行修订，共 18 个题目，六个因子，经修改后量表的信度、效度指标均达到了心理测量学的要求。该量表可用于个人幸福感的评定，总分越高，幸福感越高。

二、结果与分析

（一）大学生物质主义价值观的总体现状分析

本研究采用的物质主义价值观量表采用 5 点计分法，中位数为 3。由表 3－1－2可知，在本次研究中大学生物质主义价值观各个维度均分以及量表总分均达到了中等以上的水平，其中成功维度均分最高，其次是中心维度，得分最低的是幸福维度。

表 3－1－2　大学生物质主义价值观的总体现状分析

类别	N	M±SD
成功	315	15.91±3.35
中心	315	13.54±3.00
幸福	315	11.02±1.86
物质主义价值观量表总分	315	40.47±6.12

（二）大学生物质主义价值观的人口统计学变量差异分析

1. 大学生物质主义价值观在性别上的差异分析

根据表 3－1－3，可以看出女大学生在成功维度与中心维度的得分较男大学生更高，在幸福维度男大学生得分比女大学生更高，但均未达到显著水平。总体来看，女大学生的物质主义价值观得分更高，但大学生物质主义价值观总分在性别上并无显著差异。

表 3－1－3　大学生物质主义价值观在性别上的差异比较

类别	性别	N	M±SD	t	p
成功	男	115	15.49±3.58	−1.692	0.102
	女	200	16.15±3.20		
中心	男	115	13.24±3.11	−1.344	0.188
	女	200	13.72±2.92		
幸福	男	115	11.07±1.85	0.387	0.698
	女	200	10.99±1.87		

类别	性别	N	M±SD	t	p
物质主义 价值观量表总分	男	115	39.80±6.28	−1.467	0.148
	女	200	40.85±6.01		

2. 大学生物质主义价值观在生源地上的差异分析

从表 3-1-4 可以看出，城市大学生的物质主义价值观总分以及成功、中心两个维度得分均高于来自农村的大学生，两者在中心维度上存在显著差异。

表 3-1-4　大学生物质主义价值观在生源地上的差异比较

类别	生源地	N	M±SD	t	p
成功	城市	170	15.93±3.32	0.123	0.902
	农村	145	15.88±3.40		
中心	城市	170	14.15±2.93	3.957***	0
	农村	145	12.83±2.93		
幸福	城市	170	10.98±1.97	−0.345	0.728
	农村	145	11.06±1.73		
物质主义 价值观量表总分	城市	170	41.06±6.02	1.865	0.063
	农村	145	39.77±6.19		

3. 大学生物质主义价值观在专业上的差异分析

从表 3-1-5 可知，文史类大学生的物质主义价值观量表总分以及各个维度的得分都高于理工类大学生的，其中成功、中心维度与量表总分上的差异达到了显著水平。由此可知，文史类大学生的物质主义价值观水平显著高于理工类大学生。

表 3-1-5　大学生物质主义价值观在专业上的差异比较

类别	专业	N	M±SD	t	p
成功	文史类	154	16.30±3.19	2.029*	0.043
	理工类	161	15.53±3.47		
中心	文史类	154	13.95±3.19	2.352*	0.019
	理工类	161	13.16±2.75		

类别	专业	N	M±SD	t	p
幸福	文史类	154	11.08±1.83	0.638	0.524
	理工类	161	10.95±1.89		
物质主义 价值观量表总分	文史类	154	41.33±6.23	2.469*	0.014
	理工类	161	39.64±5.92		

4. 大学生物质主义价值观在年级上的差异分析

由表3-1-6可知，大四学生的物质主义价值观在各个维度与量表总分上都得分最高，但并未达到显著水平。可见在本次研究中，大学生物质主义价值观在年级上并无显著差异。

表3-1-6　大学生物质主义价值观在年级上的差异比较

维度	年级	N	M±SD	F	p
成功	大一	25	15.88±3.75	1.018	0.385
	大二	66	15.30±3.43		
	大三	59	15.90±3.517		
	大四	165	16.16±3.20		
中心	大一	25	13.28±2.88	1.294	0.276
	大二	66	13.71±3.09		
	大三	59	12.90±2.74		
	大四	165	13.75±3.06		
幸福	大一	25	10.88±1.78	0.409	0.747
	大二	66	10.82±1.82		
	大三	59	11.07±1.93		
	大四	165	11.10±1.87		
物质主义 价值观 量表总分	大一	25	40.04±6.48	0.881	0.451
	大二	66	39.83±6.38		
	大三	59	39.86±6.14		
	大四	165	41.00±5.96		

5. 大学生物质主义价值观在是否独生上的差异分析

由表3-1-7可知，非独生子女大学生在成功维度与幸福维度的得分高于为独生子女大学生的，独生子女大学生在中心维度的得分高于非独生子女大学生的，但均未达到显著水平。从整体来看，非独生子女大学生的物质主义价值观水平略高于独生子女大学生的，但差异并不显著。

表 3-1-7　大学生物质主义价值观在是否独生上的差异比较

维度	是否独生	N	M±SD	t	p
成功	独生	148	15.64±3.35	−1.359	0.175
	非独生	167	16.15±3.35		
中心	独生	148	13.69±2.83	0.814	0.416
	非独生	167	13.41±3.14		
幸福	独生	148	10.93±1.95	−0.747	0.455
	非独生	167	11.09±1.78		
物质主义价值观量表总分	独生	148	40.26±6.12	−0.572	0.568
	非独生	167	40.65±6.14		

6. 大学生物质主义价值观在家庭月总收入上的差异分析

由表 3-1-8 可知，大学生物质主义价值观总分和幸福维度在家庭月总收入上有着显著的差异。通过事后多重比较得出，物质主义价值观总体水平最高的是家庭月总收入为 3000~5000 元的学生，月总收入为 3000 元以下的学生物质主义价值观反而较低，其中得分最低的是家庭月总收入 10000 元以上的大学生。

表 3-1-8　大学生物质主义价值观在家庭月总收入上的差异比较

维度	家庭月总收入	N	M±SD	F	p	多重比较
成功	3000 元以下	14	15.00±3.11	2.383	0.051	
	3000~5000 元	53	16.51±2.79			
	5000~8000 千	113	16.31±3.24			
	8000~10000 元	96	15.71±3.42			
	10000 元以上	39	14.74±4.01			
中心	3000 元以下	14	13.43±3.15	1.973	0.098	
	3000~5000 元	53	14.13±3.16			
	5000~8000 元	113	13.65±3.09			
	8000~10000 元	96	12.90±2.66			
	10000 元以上	39	14.05±3.09			

维度	家庭月总收入	N	M±SD	F	p	多重比较
幸福	3000 元以下	14	10.79±1.57			
	3000~5000 元	53	11.40±1.62			
	5000~8000 元	113	11.19±1.78	1.973**	0.011	②>③>④>⑤
	8000~10000 元	96	11.00±1.74			
	10000 元以上	39	10.10±2.47			
物质主义价值观量表总分	3000 元以下	14	39.21±5.52			
	3000~5000 元	53	42.04±5.80			
	5000~8000 元	113	41.16±6.19	2.543*	0.04	②>③>④>⑤
	8000~10000 元	96	39.60±5.30			
	10000 元以上	39	38.90±7.74			

注：②为 3000~5000 元，③为 5000~8000 元，④为 8000~10000 元，⑤为 10000 元以上。

（三）物质主义价值观、社会支持与幸福感的相关分析

1. 物质主义价值观与社会支持的相关分析

从表 3-1-9 中数据可以看出，物质主义价值观与社会支持总体上显著负相关（$p < 0.05$）。其中，物质主义价值观中的中心维度与社会支持总分，以及客观支持、支持的利用度 2 个维度上都呈显著负相关（$p < 0.01$）；客观支持维度与成功、中心维度以及物质主义价值观量表总分都呈显著负相关。

表 3-1-9　大学生物质主义价值观与社会支持的相关分析

维度	成功	中心	幸福	物质主义价值观量表总分
主观支持	−0.092	−0.095	−0.093	−0.102
客观支持	−0.135*	−0.177**	−0.064	−0.162**
支持的利用度	−0.044	−0.144*	−0.089	−0.098
社会支持总分	−0.102	−0.163**	−0.087	−0.138*

2. 物质主义价值观与幸福感的相关分析

从表 3-1-10 中数据可以看出，总体上，除了对健康的担心维度外，幸福感的各个维度都与物质主义价值观量表总分呈显著负相关。其中，精力、对生活的满足和兴趣、松弛和紧张这 3 个维度与物质主义价值观的各个维度都存

在显著负相关。中心维度与忧郁或愉快的心境、对情感和行为的控制维度在 0.01 的水平上呈显著负相关。对健康的担心维度只与幸福维度呈显著负相关，与物质主义价值观量表总分并不相关。

表 3-1-10　大学生物质主义价值观与幸福感的相关分析

维度	成功	中心	幸福	物质主义价值观量表总分
对健康的担心	0.009	−0.017	−0.123*	−0.041
精力	−0.163**	−0.238**	−0.114*	−0.238**
对生活的满足和兴趣	−0.180**	−0.200**	−0.132*	−0.225**
忧郁或愉快的心境	−0.105	−0.205**	−0.101	−0.189**
对情感和行为的控制	−0.033	−0.220**	−0.044	−0.139*
松弛和紧张	−0.158**	−0.247**	−0.166**	−0.258**
幸福感量表总分	−0.152**	−0.268**	−0.148**	−0.260**

3. 社会支持与幸福感的相关分析

由表 3-1-11 可知，除了对健康的担心外，幸福感的各个维度都与社会支持在整体上呈显著负相关（$p < 0.01$）。

表 3-1-11　大学生社会支持与幸福感的相关分析

维度	主观支持	客观支持	支持的利用度	社会支持总分
对健康的担心	0.088	0.021	−0.03	0.024
精力	0.390**	0.371**	0.351**	0.428**
对生活的满足和兴趣	0.418**	0.359**	0.355**	0.434**
忧郁或愉快的心境	0.370**	0.356**	0.297**	0.391**
对情感和行为的控制	0.365**	0.303**	0.279**	0.361**
松弛和紧张	0.374**	0.330**	0.331**	0.398**
幸福感量表总分	0.462**	0.407**	0.374**	0.476**

（四）物质主义价值观、社会支持与幸福感的回归分析

对物质主义价值观、社会支持与幸福感 3 个变量分别进行两两的一元线性回归分析，结果见表 3-1-12。

表 3-1-12　大学生物质主义价值观对社会支持与幸福感的回归分析

因变量	自变量	R	R^2	F	β	t
社会支持	物质主义价值观	0.138	0.019	6.064*	−0.14	−2.463*
幸福感	物质主义价值观	0.258	0.067	22.633**	−0.26	−4.757**
幸福感	社会支持	0.476	0.226	91.603***	0.48	9.571***

从表 3-1-12 可知，各个变量之间回归显著，物质主义价值观对社会支持、幸福感的回归系数均为负数，分别在 0.05 与 0.01 的水平上显著，说明物质主义价值观负向预测社会支持与幸福感。社会支持对幸福感的回归效应显著（$\beta = 0.48$，$p < 0.001$），说明社会支持正向预测幸福感。

（五）社会支持在物质主义价值观与幸福感之间的中介作用

根据以上相关分析与回归分析的结果，本研究的自变量选择为物质主义价值观，因变量选择幸福感，探讨社会支持是否在物质主义价值观与幸福感之间存在中介作用。

根据 Bootstrap 中介作用检验结果（表 3-1-13）可知，间接效应值为 −0.134，置信区间 [−0.277，−0.011] 不包含 0，说明中介作用存在；直接效应为 −0.43，置信区间 [−0.639，−0.220] 不包含 0，说明社会支持在物质主义价值观对幸福感的影响中起到了部分中介作用，中介作用占比为 24%。中介作用模型如图 3-1-1 所示。

表 3-1-13　Bootstrap 中介作用检验结果

效应关系	效应值	LLCI	ULCI	效应占比
总效应	−0.564	−0.797	−0.331	
直接效应	−0.430	−0.639	−0.220	76%
间接效应	−0.134	−0.277	−0.011	24%

图 3-1-1　中介作用模型

三、结论

（1）当前大学生物质主义价值观为中等偏上水平（$M＝40.47$），大学生物质主义价值观中的中心维度在生源地上差异显著（$t＝3.957$，$p<0.001$），物质主义价值观总分在专业上差异显著（$t＝2.469$，$p<0.05$），幸福维度与物质主义价值观总分在家庭月总收入上差异显著（$F＝1.973$，$p<0.01$；$F＝2.543$，$p<2.543$）。

（2）大学生物质主义价值观与社会支持显著负相关（$r＝-0.138$，$p<0.05$）。

（3）大学生社会支持与幸福感显著正相关（$r＝0.476$，$p<0.01$）。

（4）大学生物质主义价值观与幸福感显著负相关（$r＝-0.260$，$p<0.01$）。

（5）社会支持在物质主义价值观和幸福感之间具有部分中介作用。

四、对策与建议

（一）基于社会支持的建议

社会支持是物质主义价值观与幸福感之间的中介变量（效应占比 24％），如果提高大学生的社会支持水平，就能够缓解物质主义价值观带给大学生幸福感的消极影响。因此，我们可将社会支持作为着手点，帮助大学生构建良好的社会支持系统，从而提升其幸福感。

针对客观支持的建议如下：①学校可加强家校沟通，使家长多关心孩子的日常生活；②培养学生的人际交往能力；③培养学生间互帮互助的意识，构建良好的同学关系。

针对主观支持的建议如下：①开展团体辅导活动等，培养学生的共情能力；②开展课外活动，促进学生之间的了解与沟通；③鼓励学生结交 2~3 个知心朋友。

针对支持的利用度的建议如下：①通过游戏活动、团体辅导的方式，让学生体悟积极利用支持的益处，正确有效地利用身边资源；②鼓励学生积极与父母等亲人沟通和分享自己的喜与忧。

（二）基于大学生物质主义价值观现状的建议

基于物质主义价值观对幸福感的负向预测作用（$\beta = -0.26$，$p < 0.01$），我们能够通过帮助大学生树立正确的物质主义价值观，提升其幸福感。根据物质主义价值观的维度构成与人口统计学变量的差异结果，我们的建议如下：

城市家庭学生、文史类专业学生与女大学生群体中心维度得分较高，可鼓励这类学生理性消费，避免盲目追求奢侈品和短暂享受，鼓励他们制定预算，优先考虑实用性和长期价值，培养节俭和理财的好习惯。

文史类学生成功维度的得分较高，可为他们提供正面榜样和启发，分享成功人士的故事和经验，让他们了解成功并不仅仅是物质上的获得；鼓励他们学习那些在事业、家庭和社会贡献方面取得了平衡的榜样，并从中得到启发。

低收入家庭，尤其是月收入在 3000～5000 元的家庭里的大学生的物质主义水平最高，除了呼吁政府、学校对其家庭给予关注外，学校还可以向他们强调教育的价值：帮助大学生认识到良好教育的重要性和长远影响；强调知识与技能的价值，鼓励他们通过学习和发展自己的能力来创造更大的财富和成就。

提高大学生的审美和文化素养，引导大学生欣赏艺术、文学、音乐的价值，鼓励他们提高审美眼光和品位，通过文化活动和艺术体验寻求更深层次的满足。

为大学生提供社会实践机会和创业支持，鼓励大学生积极参与社会实践活动和创业项目。让他们亲身体验创造价值和追求梦想的过程，从而超越单纯的物质追求。

培养大学生的社会责任感，鼓励大学生参与公益和志愿活动，增强他们的社会责任感和同情心，让他们意识到物质主义追求的背后还有更多社会问题值得关注。

第二节　大学生社会支持和自我肯定
与幸福感的相关性研究

1988 年，Steele 提出，"自我肯定"是通过肯定自我中展现自我价值的一面来维护自我的完整性，让个体不会受到外界的干扰。[①] 有研究发现，人与人之间的支持互助以及个体对自己的肯定，都可能会影响个体的身心健康和幸福感水平。本研究旨在了解大学生幸福感现状，结合理论知识探究大学生社会支持、自我肯定与幸福感之间的关系，为提高大学生幸福感和心理健康水平提出建议。本研究采用社会支持评定量表、自我肯定量表、中国居民主观幸福感量表，通过网络发放问卷的形式对 294 名大学生进行调查，回收有效问卷249 份。

一、研究设计

（一）研究目的

本研究旨在了解当前大学生幸福感、自我肯定、社会支持的现状，探究大学生社会支持、自我肯定、幸福感三者间的关系，以及大学生自我肯定在社会支持和幸福感之间是否存在中介作用，并针对结果提出相应建议。

（二）研究假设

（1）大学生社会支持、自我肯定和幸福感两两之间显著相关。

（2）大学生社会支持能够显著预测自我肯定，社会支持和自我肯定均能显著正向预测幸福感。

（3）自我肯定在大学生社会支持与幸福感之间存在中介作用。

（三）研究对象

本研究的研究对象为大学生，通过发放问卷的方式进行调查，共收回294 份问卷，其中有效问卷249 份，问卷调查对象的具体情况如表 3-2-1 所示。

---

① STEELE M. The Psychology of self－affirmation: sustaining the integrity of the self［J］. Advances in Experimental Social Psychology, 1988（21）: 261.

表 3-2-1　调查对象具体情况

变量	分组	人数	百分比（%）
性别	男	93	37.35
	女	156	62.65
生源地	城市	126	54.31
	农村	106	45.69
年级	大一	15	6.02
	大二	15	6.02
	大三	48	19.28
	大四	147	59.04
	其他	24	9.64
专业类别	理工类	171	68.67
	文史类	78	31.33
家庭结构	单亲家庭	18	7.23
	双亲家庭	231	92.77
是否独生	是	81	32.53
	否	168	67.47

（四）研究工具

1. 社会支持评定量表

本研究采用肖水源于 1986 年编制的社会支持评定量表（SSRS），该量表共有 10 个题目，适用于 14 岁以上各类人群的健康测量，了解受测者社会支持的特点。该量表共有三个维度：主观支持、客观支持、对支持的利用度。总分及各维度得分越高，个体的社会支持程度越高。该量表的内部一致性信度为 0.832，信度水平较高，可以使用。

2. 自我肯定量表

对于自我肯定的测量，本研究采用的自我肯定量表共有 18 个题目，用于测定个体的自我肯定度，适用于各类人群。在测试中得分越高，表明自我肯定程度越高。分数在 72 分以上者的自我肯定较高，分数在 31~71 分之间者自我肯定属于中等，分数在 30 分以下者自我肯定程度偏低。该量表在本研究中的内部一致性信度为 0.712，信度水平较高，可以使用。

3. 中国居民主观幸福感量表

对于幸福感的测量，本研究采用的是由邢占军编制的中国居民主观幸福感量表，该量表共有 20 个题目，采用 6 点计分。量表取中间值 3.5 分作为参照值，分值越高代表越幸福，其中 4.5 分以上为高水平，2.5 分以下为低水平。该量表在本研究中的内部一致性信度为 0.747，信度水平较高，可以使用。

二、结果与分析

（一）大学生自我肯定、社会支持与幸福感描述统计

由表 3-2-2 可知，大学生幸福感总分最低为 52，最高为 107，均值为 77.45，说明被调查的大学生幸福感处于中等水平；大学生社会支持总分最低为 19，最高为 56，均值为 35.64，说明被调查的大学生中社会支持差异大；大学生自我肯定总分最低为 40，最高为 66，均值为 56.05，说明被调查的大学生自我肯定属于中等水平。

表 3-2-2　大学生幸福感、社会支持与自我肯定描述统计

类别	N	最小值	最大值	均值	标准差
幸福感	249	52	107	77.45	12.004
社会支持	249	19	56	35.64	7.144
自我肯定	249	40	66	56.05	5.715

（二）大学生社会支持、自我肯定与幸福感在人口统计学变量上的差异分析

1. 大学生幸福感在人口统计学变量上的差异

由表 3-2-2 可知，大学生幸福感在性别、是否独生、家庭结构上差异显著（$p < 0.05$），其中男大学生的幸福感显著高于女大学生的，独生子女大学生的幸福感显著高于非独生子女大学生的，单亲家庭大学生的幸福感显著低于双亲家庭的大学生的。

表 3-2-3　大学生幸福感在人口统计学变量上的差异统计

变量	分组	均值	标准差	t
性别	男	77.65	13.99	0.202*
	女	77.33	10.68	
是否独生	是	78.15	14.39	0.640*
	否	77.11	10.69	
生源地	城市	77.47	12.72	0.024
	农村	77.43	11.57	
家庭结构	单亲家庭	74.17	9.05	-1.204*
	双亲家庭	77.70	12.18	
专业	理工类	77.81	11.92	0.702
	文史类	76.65	12.22	

由表 3-2-4 可知，大学生幸福感在不同年级的差异显著（$p < 0.05$），其中大一大学生的幸福感显著高于其他年级的大学生，其他在校大学生的幸福感显著低于其他年级的大学生。幸福感总分从低到高的年级分别是：其他在校大学生、大三、大二、大四、大一。

表 3-2-4　大学生幸福感在不同年级的差异统计

分组	N	均值	标准差	F
大一	15	81.38	13.85	
大二	15	75.80	12.65	
大三	48	74.94	10.41	2.562*
大四	147	78.43	12.36	
其他	24	71.20	3.95	
总计	249	77.45	12.00	

2. 大学生社会支持在人口统计学变量上的差异

由表 3-2-5 可知，大学生社会支持在性别、是否独生、生源地、家庭结构上的差异显著（$p < 0.05$）：女大学生显著低于男大学生，独生大学生显著低于非独生大学生，城市大学生显著低于农村大学生，单亲家庭的大学生显著低于双亲家庭的大学生。

表 3-2-5　大学生社会支持总分在人口统计学变量上的差异统计

变量	分组	均值	标准差	t
性别	男	36.48	6.30	−2.433*
	女	34.23	7.49	
是否独生	是	34.07	7.58	−2.423*
	否	36.39	6.81	
生源地	城市	33.59	8.42	−3.666*
	农村	36.92	5.88	
家庭结构	单亲家庭	30.50	4.47	−3.288*
	双亲家庭	36.04	7.16	
专业	理工类	36.02	7.21	1.241
	文史类	34.81	6.94	

由表 3-2-6 可知，主观支持维度在性别、是否独生、生源地、家庭结构上的差异显著（$p<0.05$）：男大学生显著低于女大学生，独生子女大学生显著低于非独生子女大学生，城市家庭的大学生显著低于农村家庭的大学生，单亲家庭的大学生显著低于双亲家庭的大学生。

表 3-2-6　主观支持在人口统计学变量上的差异统计

变量	分组	均值	标准差	t
性别	男	19.29	4.60	−2.172*
	女	20.69	5.11	
是否独生	是	18.93	5.37	−2.780*
	否	20.77	4.65	
生源地	城市	18.59	5.34	−4.089*
	农村	21.16	4.45	
家庭结构	单亲家庭	15.83	3.33	−3.959*
	双亲家庭	20.51	4.91	
专业	理工类	19.74	4.98	−0.711
	文史类	20.50	5.10	

由表 3-2-7 可知，客观支持维度在不同生源地上差异显著（$p<0.05$），其中农村家庭的大学生显著低于城市家庭的大学生。

表 3-2-7 大学生客观支持在人口统计学变量上的差异统计

变量	分组	均值	标准差	t
性别	男	7.39	1.62	−1.315
	女	7.71	2.01	
是否独生	是	7.30	1.87	−1.715
	否	7.73	1.88	
生源地	城市	7.78	2.10	−2.062*
	农村	7.28	1.71	
家庭结构	单亲家庭	7.50	2.03	−0.211
	双亲家庭	7.60	1.87	
专业	理工类	7.74	1.84	1.570
	文史类	7.09	2.04	

由表 3-2-8 可知，大学生对社会支持的利用度在性别、是否独生、生源地、家庭结构、专业上的差异不显著（$p > 0.05$）。

表 3-2-8 大学生对社会支持的利用度在人口统计学变量上的差异统计

变量	分组	均值	标准差	t
性别	男	7.55	2.08	−1.915
	女	8.08	2.11	
是否独生	是	7.85	2.25	−0.143
	否	7.89	2.05	
生源地	城市	7.72	2.25	−0.949
	农村	7.98	2.03	
家庭结构	单亲家庭	7.17	1.61	−1.486
	双亲家庭	7.94	2.14	
专业	理工类	8.03	2.14	1.556
	文史类	7.31	2.18	

由表 3-2-9 可知，不同年级的大学生获得的主观支持、客观支持、社会支持的利用度的得分以及支持总分均存在显著差异（$p < 0.05$）。其中，大一学生获得的主观支持最低，大三学生最高；大一学生获得的客观支持最高，其他在校大学生均比较低；大四学生对社会支持的利用度最高，大一学生的社会

支持利用度最低；大三学生的社会支持总分最高，大一学生的社会支持总分最低。

表 3-2-9　大学生社会支持在不同年级的差异统计

年级	主观支持		客观支持		社会支持的利用度		总分	
	均值	标准差	均值	标准差	均值	标准差	均值	标准差
大一	17.40	1.54	8.20	0.41	6.20	1.01	31.80	2.21
大二	18.80	4.45	7.20	1.37	7.00	1.46	33.00	6.64
大三	21.63	5.68	7.88	1.98	8.13	2.14	37.63	7.89
大四	20.29	4.90	7.67	1.92	8.14	2.10	36.10	7.12
其他	19.13	4.66	6.38	1.83	7.38	2.39	32.88	5.85
f	2.852*		3.527*		4.291*		3.732*	

3. 大学生自我肯定在人口统计学变量上的差异

为了解大学生自我肯定在人口统计学学变量上是否存在显著差异，本研究对自我肯定量表得分进行相关检验，结果见表 3-2-10、3-2-11。

表 3-2-10　大学生自我肯定在人口统计学变量上的差异统计

变量	分组	N	均值	标准差	t
性别	男	93	93	56.45	0.860
	女	156	156	55.81	
是否独生	是	81	81	55.78	−0.518
	否	168	168	56.18	
生源地	城市	96	96	56.44	0.851
	农村	153	153	55.80	
家庭结构	单亲家庭	18	18	57.50	1.120
	双亲家庭	231	231	55.94	
专业	理工类	171	171	56.11	−0.233
	文史类	78	78	55.92	

表 3-2-11　大学生自我肯定在不同年级的差异统计

分组	N	平均值	标准差	f
大一	15	59.40	4.01	
大二	15	51.80	5.33	
大三	48	55.44	5.90	3.942*
大四	147	56.45	5.66	
其他	24	55.38	5.38	
总计	249	56.05	5.71	

由表 3-2-10 可知，大学生自我肯定在性别、是否独生、生源地、家庭结构、专业类别上的差异不明显（$p > 0.05$）。

由表 3-2-11 可知，大学生自我肯定在不同年级间的差异显著（$p < 0.05$），其中大一学生自我肯定显著高于其他年级的大学生，大二学生显著低于其他年级。

（三）大学生社会支持、自我肯定与幸福感的相关分析

本研究对大学生社会支持总分、自我肯定总分与幸福感总分进行相关分析，结果见表 3-2-12。

表 3-2-12　大学生社会支持、自我肯定与幸福感的相关分析

变量	社会支持	自我肯定	幸福感
社会支持	1.000		
自我肯定	0.391**	1.000	
幸福感	0.389**	0.234**	1.000

由表 3-2-12 可知，社会支持总分与幸福感的 Pearson 相关系数 $r = 0.389$，表明社会支持总分与幸福感呈显著正相关（$p < 0.01$）；自我肯定与幸福感的 Pearson 相关系数 $r = 0.234$，表明自我肯定总分与幸福感呈显著正相关（$p < 0.01$）；社会支持总分与自我肯定的 Pearson 相关系数 $r = 0.391$，表明社会支持总分与自我肯定呈显著正相关（$p < 0.01$）。

（四）大学生自我肯定在社会支持与幸福感间的中介作用检验

结合以上的研究结果，本研究以社会支持作为自变量，以幸福感为因变

量，以自我肯定为中介变量进行中介作用的检验，结果见表3-2-13。

表3-2-13　大学生自我肯定在社会支持与幸福感间中介作用的回归分析

步骤	因变量	预测变量	R^2	调整 R^2	F	β	t
1	幸福感	社会支持	0.148	0.139	17.030**	0.385**	4.127
2	自我肯定	社会支持	0.173	-0.167	8.304**	0.256**	2.551
3	幸福感	社会支持	0.160	0.143	9.257**	0.379**	4.063
		自我肯定				0.211**	1.189

由表3-2-13可知，第一步检验结果表明社会支持对幸福感的回归系数 c 为0.385，并且达到显著水平（$p < 0.01$），可以继续依次检验回归系数 a 和 b。第二步检验结果表明社会支持对自我肯定的回归系数 a 为0.256，达到显著水平（$p < 0.01$）。第三步检验社会支持、积极情绪对幸福感的回归分析，显示自我肯定对幸福感的回归系数 b 为0.211（$p < 0.01$）、社会支持对幸福感的回归系数 c' 为0.379（$p < 0.01$），二者也都达到显著水平。社会支持对幸福感的回归系数 c' 显著，且 $c' < c$，表明本研究中的中介作用为部分中介，中介作用占总效应的比值为 effect $= ab/c = 0.1403$，即中介作用为14.03%。通过上述分析，可得出本研究的中介作用模型，如图3-2-1所示。

图3-2-1　中介作用模型

三、结论

大学生社会支持总体处于良好水平，社会支持总分在性别、是否独生、生源地、家庭结构、年级上存在显著性差异，在专业上的差异不明显；主观支持维度在性别、是否独生、生源地、家庭结构、年级上具有显著差异；客观支持维度在性别、是否独生、家庭结构上的差异不明显，在生源地上存在显著差异；对支持的利用度在性别、是否独生、生源地、家庭结构上的差异不明显，在不同年级上的差异具有显著性。

大学生自我肯定处于良好水平，大多数时候能够表露出自己的意见与感受，但是偶尔会做不到。大学生自我肯定在不同年级的差异具有显著性，在性别、是否独生、生源地、家庭结构、专业类别上的差异不明显。

大学生幸福感处于良好水平，幸福感在性别、是否独生、家庭结构上的差异显著，在生源地、专业类别上的差异不明显。

大学生社会支持与幸福感存在显著正相关，自我肯定与幸福感存在显著正相关，大学生社会支持与自我肯定存在显著正相关。

经中介作用检验，大学生自我肯定在社会支持和幸福感间起中介作用。

四、对策与建议

自我肯定能通过部分中介作用影响社会支持对幸福感的作用，结合大学生的幸福感现状，本研究提出以下建议。

（1）对家庭的建议：在竞争日益激烈、生存和生活压力与日俱增的客观现实下，家庭应该多关心大学生的日常生活，了解他们面临的困难，给予他们帮助，能让他们感受到温暖。家长应教给孩子现代社会人人平等的理念，不能有重男轻女的观念。独生家庭应给予孩子适当的帮助，不能过度宠溺，这可以培养孩子强大的内心，使其面对困难时不会那么脆弱；非独生家庭应该公平地对待每一个孩子，给予他们更多的关爱和尊重。家长应给子女创造一个和谐的家庭环境，使他们不会感觉缺少关爱；在生活中给予子女的努力更多的肯定，提升他们的自我肯定水平。

（2）对学校的建议：多举办一些针对学生的关怀活动，对单亲家庭、农村户籍的大学生应提供更多帮助和支持；多举办一些校园、社会实践活动，鼓励大学生通过参与校园活动来保持或提升自我肯定；开展心理教育和心理咨询活动，教给大学生心理调节的方法，制定大学生心理健康辅导方案，关注其心理健康，使其不断进步，在通往成功的路上逐步提升幸福感。

（3）对大学生的建议：要正确认识自己的生活条件、个性上的优缺点，多参加校园活动、社会实践，不断完善自己，培养积极向上的优秀品质，培养一颗强大的内心，学会自我调节，自我鼓励，在失败中寻求突破，提升自我肯定水平，进一步提升幸福感。

第四章 人格对大学生幸福感的影响

　　人格是个体在先天生物遗传素质的基础上，通过与后天社会环境的相互作用而形成的、相对稳定的、独特的心理行为模式。自我效能感、自尊、自我意识、自我概念等都是人格的具体组成部分。人格特质代表着人的心理特征，影响着个体对事物的认识、理解、态度及行为方式。Diener 的研究发现，性格外向的大学生往往能够获得较多的幸福感体验，而性格内向的大学生和神经质者体验到的幸福感则相对较少。具有稳定人格的大学生的幸福感指数要高于人格不稳定的大学生。一般而言，外向型的大学生有着良好的社会支持系统，更易感受到积极的情绪和情感，往往有着较高的幸福感体验；而内向型大学生的人际互动和社会支持相对较少，幸福感体验相对较低。

　　国内外研究者对人格与幸福感的关系做了大量的研究，研究表明，幸福感与自尊呈显著正相关，自我价值感各维度与幸福感中的生活满意度和积极情感呈显著正相关，与消极情感呈显著负相关，自我效能感与生活满意度、快乐感呈显著正相关，不同自我概念组的大学生的幸福感有非常显著的差异。

　　Heady 认为人格通过影响生活事件进而影响幸福感，Costa 和 McCrac 认为幸福感主要依赖于人格特质，不同的人格特质会导致不同的正性情感、负性情感和生活满意度。在大五人格的五个特质维度（外向性、神经质、严谨性、宜人性、开放性）中，神经质和外向型这两个人格维度备受关注。一般外向型的人更容易体验到积极情感，进而有更高的幸福感，神经质的人刚好相反，会较多地体验消极情感。

第一节　大学生主动性人格、学习投入与幸福感的关系研究

　　学者 Bateman 和 Crant 首先提出了"主动性人格"这一概念，将其定义为

个人为了影响周围环境而采取行动的稳定倾向。[①] 主动性高的个体倾向于通过采取主动措施来改变环境，而主动性低的个体采取的主动措施较少，倾向于去适应环境而不是主动改变环境。"学习投入"概念由 Schaufeli 提出，他将工作投入的研究扩展到学习投入的研究，将学生群体视为一个工作小组。学习投入和工作投入一样，是一种积极完整的学习状态，包括三个方面：活力、奉献和专注。[②] 学习投入的活力指的是学生有强烈的学习欲望，能坚持不懈地学习。奉献是指学生对学习的热情，对学习的积极态度和对学习的责任感。专注指的是学生参与学习时的积极情感体验。

对大学生主动性人格的研究能更好地了解大学生的行为方式。已有研究表明，主动性人格可以预测个体的幸福感。学生在学习中的投入水平越高，体验到的积极情绪就越多[③]，这有助于提升学生的身心健康水平。提升大学生的学习投入水平有利于提高大学生的幸福感。

本研究拟关注大学生的主动性人格、学习投入和幸福感之间的关系，通过对主动性人格的培养以及提出提升学习投入的策略，为提升大学生的幸福感提出参考和建议。本研究采用主动性人格量表、学习投入量表、主观幸福感量表作为研究工具，对某高校的 334 名学生进行网络问卷调查，共回收有效问卷301 份。

一、研究设计

（一）研究目标

结合学界当前对主动性人格、学习投入、幸福感的研究结果及现状，提出以下几个研究目标：

（1）大学生主动性人格、学习投入、幸福感的现状。

（2）大学生主动性人格、学习投入与幸福感之间的关系。

（3）关于提升大学生幸福感的建议。

---

① THOMAS S BATEMAN，J MICHAEL CRANT．The proactive component of organizational behavior：a measure and correlates [J]．Journal of organizational behavior，1993，14（2）：103－118．

② SCHAUFELI W B，MARTÍNEZ I M，Pinto A M，et al．Burnout and engagement in university students：a cross－national study [J]．Journal of cross－cultural psychology，2002，33（5）：464．

③ 王小新，孙文梅，李燕平．大学生未来时间观、学习投入与主观幸福感之间的关系研究 [J]．西部素质教育，2020（5）：88．

（二）研究假设

（1）大学生主动性人格、学习投入、幸福感三者之间存在相关关系。

（2）主动性人格与学习投入均能预测幸福感，学习投入在主动性人格与幸福感之间起中介作用。

（三）研究工具

（1）主动性人格量表

本研究采用由 Bateman 和 Crant 开发，由商佳音、甘怡群修订的主动性人格量表，这是一个包含 11 题、单维度、7 点计分的量表，测试者获得的总分越高，主动性越好。在本研究中，该量表的内部一致性信度为 0.913。

（2）学习投入量表

本研究采用由 Schaufeli 编制，方来坛、时勘等修订的学习投入量表，分为三个维度：活力、奉献、专注。该量表共 17 题，采用 7 点计分，分数越高表明学习投入水平越高。该量表在本研究中的内部一致性信度为 0.927。

（3）主观幸福感量表

该量表由 Diener 等开发，包括三个分量表：生活满意度、积极情绪和消极情绪。这类情感体验量表要求人们根据他们在前一周的情感体验来做出选择。该量表在本研究中的内部一致性信度为 0.740。

（四）研究方法

文献研究法：通过查阅收集与主动性人格、学习投入和幸福感相关的文献，提出本研究的研究假设，分析其中存在的问题，为研究三者关系提供理论支持。

调查法：本研究选用主动性人格量表、学习投入量表、主观幸福感量表，以大学生为研究对象，随机抽样发放问卷并进行回收。

统计分析法：运用统计学方法对调查获取的各种数据进行统计与分析，形成结论。本研究采用 SPSS24.0 进行数据处理及分析。

（五）研究对象

本研究的调查对象为在校大学生，通过问卷调查的方式对某高校 334 名大学生进行调查，回收有效问卷 301 份，α 系数为 0.874，信度较好。调查对象的性别、生源地、年级、专业分布情况如表 4-1-1 所示。

表 4-1-1　调查对象的基本情况（$N=301$）

变量	分组	人数	百分比（%）
性别	男	124	41.2
	女	177	58.8
生源地	城市	185	61.5
	农村	116	38.5
年级	大一	72	23.9
	大二	67	22.3
	大三	66	21.9
	大四	96	31.9
专业	理工类	149	49.5
	文史类	105	34.9
	艺体类	47	15.6

二、结果与分析

（一）主动性人格

1. 大学生主动性人格总体水平

主动性人格量表为 1~7 级评分，中位数为 4，均分应该为 44 分。表 4-1-2 的平均分为 61.25 分，大于 44 分，说明大学生的主动性人格水平较高。

表 4-1-2　大学生主动性人格描述性分析结果

类别	最低分	最高分	M±SD	平均每题得分
主动性人格	42	75	61.15±8.63	5.56

2. 不同性别大学生主动性人格差异分析

对数据进行独立样本 t 检验，以考察大学生主动性人格得分在性别上的差异。由表 4-1-3 可知，差异性分析发现男、女生在主动性人格水平上不存在显著差异（$p>0.05$）。男生得分为 61.37±8.61，女生的得分为 60.99±8.67，男生的主动性人格得分略高于女生的，但这种差异不具有统计学上的意义。

表 4-1-3   不同性别大学生主动性人格差异性检验结果

类别	男（N=124）M±SD	女（N=177）M±SD	t
主动性人格	61.37±8.61	60.99±8.67	0.372

3. 不同生源地大学生主动性人格差异分析

对数据进行独立样本 t 检验，以考察大学生主动性人格得分在生源地上的差异。由表 4-1-4 可知，差异性分析发现城市和农村大学生在主动性人格水平上不存在显著差异（$p>0.05$）。城市大学生的得分为 61.57±8.06，农村大学生的得分为 60.48±9.48，城市大学生的主动性人格得分略高于农村大学生，但这种差异不具有统计学上的意义。

表 4-1-4   不同生源地大学生主动性人格差异性检验结果

类别	城市（N=185）M±SD	农村（N=116）M±SD	t
主动性人格	61.57±8.06	60.48±9.48	1.022

4. 不同年级大学生主动性人格差异分析

对收集到的数据进行单因素方差分析，以考察不同年级大学生在主动性人格上得分的差异，结果见表 4-1-5。

表 4-1-5   不同年级大学生主动性人格得分情况

类别	大一（N=72）M±SD	大二（N=67）M±SD	大三（N=66）M±SD	大四（N=96）M±SD
主动性人格	60.44±9.18	62.31±7.96	60.09±8.15	61.59±8.98

表 4-1-6 的方差分析表明，不同年级大学生的主动性人格差异不显著（F=0.981，$p>0.05$）。从总体上看，大二年级学生的得分比其他年级略高，为 62.31±7.96；大三年级学生得分比其他年级略低，为 60.09±8.15，大一年级学生得分为 60.44±9.18；大四年级学生得分为 61.59±8.98。但这种差异不具有统计学上的意义。

表 4-1-6   不同年级大学生主动性人格差异性检验结果

类别	SS	df	MS	F
年级	219.47	3	73.16	0.981
误差	22142.81	297	74.56	

5. 不同专业大学生主动性人格差异分析

对收集到的数据进行单因素方差分析，以考察不同专业的大学生在主动性人格上得分的差异，结果见表4-1-7。

表4-1-7　不同专业大学生主动性人格得分情况

类别	理工类（N=149） M±SD	文史类（N=105） M±SD	艺体类（N=47） M±SD
主动性人格	61.91±8.19	59.94±9.34	61.43±8.24

由表4-1-8的方差分析表明，不同专业大学生的主动性人格差异性不显著（F=1.639，p>0.05）。从总体上看，理工类学生得分比其他专业的学生略高，为61.91±8.19；文史类学生得分比其他专业略低，为59.94±9.34；艺体类学生得分为61.43±8.24，但这种差异不具有统计学上的意义。

表4-1-8　不同专业大学生主动性人格差异性检验结果

类别	SS	df	MS	F
专业	243.26	2	121.63	1.639
误差	22119.01	298	74.23	

（二）学习投入

1. 大学生学习投入总体水平

由表4-1-9可知，学习投入维度的最低分是38分，最高分是115分，平均分是85.85分；活力和专注维度的最低分分别是7分、14分，最高分分别是41分、42分，平均分分别是28.59分、30.91分；奉献维度的最低分是9分，最高分是35分，平均分是26.35分。大学生的学习投入表现较好。

表4-1-9　大学生学习投入及各维度描述性分析结果

维度	最低分	最高分	M±SD	平均每题得分
学习投入	38	115	85.85±15.47	5.05
活力	7	41	28.59±7.08	4.77
奉献	9	35	26.35±5.58	5.27
专注	14	42	30.91±6.57	5.15

2. 不同性别大学生学习投入差异分析

对数据进行独立样本 t 检验，以考察大学生学习投入及各维度得分在性别上的差异，结果见表 4—1—10。差异性分析发现男、女生在学习投入上存在显著差异（$p < 0.05$），男生得分为 88.05±14.19，女生得分为 84.32±16.16，男生的学习投入得分高于女生的。男、女生在活力和奉献维度上不存在显著差异（$p > 0.05$），在专注维度上存在显著差异（$p < 0.05$），男生得分为 31.85±6.25，女生得分为 30.25±6.73，男生得分略高于女生。

表 4—1—10 不同性别大学生学习投入及各维度差异性检验结果

维度	男（$N=124$） M±SD	女（$N=177$） M±SD	t
学习投入	88.05±14.19	84.32±16.16	2.120*
活力	29.32±6.71	28.08±7.31	1.502
奉献	26.88±5.26	25.98±5.78	1.373
专注	31.85±6.25	30.25±6.73	2.080*

3. 不同生源地大学生学习投入差异分析

对数据进行独立样本 t 检验，以考察大学生学习投入及各维度得分在生源地上的差异，结果见表 4—1—11。差异性分析发现城市和农村大学生在学习投入及各维度上不存在显著差异（$p > 0.05$）。在学习投入上，城市大学生的得分为 86.37±15.57，农村大学生的得分为 85.03±15.33，城市大学生的学习投入得分略高于农村大学生，但这种差异不具有统计学上的意义。从各维度来看，城市大学生的得分略高于农村大学生，但这种差异不具有统计学上的意义。

表 4—1—11 不同生源地大学生学习投入及各维度差异性检验结果

维度	城市（$N=185$） M±SD	农村（$N=116$） M±SD	t
学习投入	86.37±15.57	85.03±15.33	0.735
活力	28.68±7.18	28.45±6.95	0.277
奉献	26.69±5.61	25.82±5.52	1.314
专注	31.01±6.40	30.76±6.87	0.316

4. 不同年级大学生学习投入差异分析

对不同年级大学生学习投入差异的对比分析见表 4—1—12。从表中数据可

以看出，大四学生学习投入最高（89.26 分），其他年级从高到低，依次为大
二、大三、大一。

表 4-1-12　不同年级大学生学习投入及各维度得分情况

维度	大一（N=72）M±SD	大二（N=67）M±SD	大三（N=66）M±SD	大四（N=96）M±SD
学习投入	82.04±15.95	85.94±14.14	84.97±15.32	89.26±15.58
活力	26.60±7.20	28.93±6.22	29.36±6.32	29.32±7.84
奉献	25.04±5.25	26.99±5.41	25.73±5.70	27.32±5.69
专注	30.40±6.48	30.03±5.94	29.88±6.25	32.61±7.03

对数据进行单因素方差分析，以考察不同年级大学生在学习投入及各维度
得分的差异，结果见表 4-1-13。

从总体上看，大四年级学生得分最高，为 89.26±15.58；大一年级学生
得分最低，为 82.04±15.95；大二年级学生得分为 85.94±14.14；大三年级
学生得分为 84.97±15.32。方差分析表明，不同年级大学生的学习投入差异
性显著（$F=3.149$，$p<0.05$），不同年级的大学生在奉献维度和专注维度上
也存在显著差异（$p<0.05$），在活力维度上差异不显著（$p>0.05$）。经过事
后多重比较检验发现，大四年级学生学习投入显著高于大一；从各维度上看，
大一与大二、大一与大四年级的大学生在奉献维度上的差异显著，大二年级和
大四年级的学生奉献维度得分显著高于大一年级的学生。大四与大一、大二、
大三年级学生在专注维度上的差异显著，大四年级的学生专注维度得分显著高
于大一、大二、大三年级的学生。

表 4-1-13　不同年级大学生学习投入及各维度差异性检验结果

维度	变量	SS	df	MS	F	事后比较
学习投入	年级	2212.50	3	737.50	3.149*	大一>大四
	误差	69557.07	297	234.20		
活力	年级	384.53	3	128.18	2.488	
	误差	14668.21	297	49.39		
奉献	年级	266.73	3	88.91	2.909*	大一>大二
	误差	9075.94	297	30.56		大一>大四

续表

维度	变量	SS	df	MS	F	事后比较
专注	年级	419.55	3	139.85	3.310*	大四>大一 大四>大二
	误差	12547.03	297	42.25		大四>大三

5. 不同专业大学生学习投入差异分析

对数据进行单因素方差分析，以考察不同专业的大学生在学习投入及各维度得分的差异，结果见表 4-1-14。

表 4-1-14   不同专业大学生学习投入及各维度得分情况

维度	理工类（$N=149$） M±SD	文史类（$N=105$） M±SD	艺体类（$N=47$） M±SD
学习投入	86.54±15.41	87.15±14.56	80.79±16.89
活力	28.58±7.40	28.90±6.68	27.91±7.05
奉献	26.85±5.48	26.83±5.33	23.72±5.81
专注	31.11±6.55	31.42±6.36	29.15±6.97

从总体上看，文史类大学生得分最高，为 87.15±14.56；艺体类大学生得分最低，为 80.79±16.89；理工类大学生得分为 86.54±15.41。方差分析表明，不同专业的大学生学习投入差异性显著（$F=3.079$，$p<0.05$），不同专业的大学生在奉献维度上存在显著性差异（$p<0.01$），在活力维度和专注维度上差异不显著（$p>0.05$）。经过事后多重比较（LSD）检验发现，理工类和文史类大学生学习投入得分显著高于艺体类大学生。从各维度上看，艺体类大学生与理工类、文史类大学生在奉献维度上的差异显著，理工类和文史类大学生的奉献维度得分显著高于艺体类大学生。

表 4-1-15   不同专业大学生学习投入差异性检验结果

维度	变量	SS	df	MS	F	事后比较
学习投入	专业	1453.09	2	726.54	3.079*	艺体类<理工类
	误差	70316.48	298	235.96		艺体类<文史类
活力	专业	31.83	2	15.92	0.316	
	误差	15020.91	298	50.41		

续表

维度	变量	SS	df	MS	F	事后比较
奉献	专业	384.90	2	192.45	6.402**	艺体类＜理工类
	误差	8957.77	298	30.06		艺体类＜文史类
专注	专业	178.78	2	89.39	2.083	
	误差	12787.80	298	42.91		

（三）幸福感

1. 大学生幸福感的总体水平

由表 4-1-16 得知，大学生幸福感最高分为 54 分，最低分为 -22，平均每题得分 1.61，表明大学生的幸福感普遍较高。在积极情绪维度上得分较高，在消极情绪维度上得分较低，说明大学生经历的积极情绪较多，消极情绪较少。

表 4-1-16　大学生幸福感及各维度描述性分析结果

维度	最低分	最高分	M±SD	平均每题得分
幸福感	-22	54	30.49±11.57	1.61
生活满意度	11	35	24.04±4.74	4.81
积极情绪	10	41	28.61±5.21	4.77
消极情绪	10	50	22.16±7.30	2.77

2. 不同性别大学生幸福感差异分析

对数据进行独立样本 t 检验，以考察大学生幸福感及各维度得分在性别上的差异。由表 4-1-17 中数据的差异性检验发现，男、女生在幸福感及各维度上不存在显著差异（$p>0.05$）。男生幸福感得分为 30.65±10.52，女生得分为 30.37±12.28，男生的幸福感得分略高于女生，但这种差异不具有统计学上的意义。

表 4-1-17　不同性别大学生幸福感及各维度差异性检验结果

维度	男（N=124）M±SD	女（N=177）M±SD	t
幸福感	30.65±10.52	30.37±12.28	0.207
生活满意度	23.77±4.46	24.23±4.92	-0.839

续表

维度	男（$N=124$） M±SD	女（$N=177$） M±SD	t
积极情绪	29.17±4.71	28.22±5.52	1.603
消极情绪	22.28±7.30	22.08±7.31	0.237

3. 不同生源地大学生幸福感差异分析

对数据进行独立样本 t 检验，以考察大学生幸福感及各维度得分在生源地上的差异，结果见表4-1-18。经差异性分析发现，城市户籍和农村户籍大学生在幸福感上存在显著差异（$p<0.05$）。在幸福感的总体得分上城市户籍大学生得分为31.61±11.19，农村户籍大学生得分为28.70±11.99，城市户籍大学生的幸福感水平高于农村户籍大学生。从各维度上看，不同生源地大学生在生活满意度维度上存在显著差异（$p<0.05$），在积极情绪和消极情绪维度上，城市户籍大学生与农村户籍大学生不存在显著性差异。

表4-1-18　不同生源地大学生幸福感及各维度差异性检验结果

维度	城市（$N=185$） M±SD	农村（$N=116$） M±SD	t
幸福感	31.61±11.19	28.70±11.99	2.138*
生活满意度	24.51±4.58	23.28±4.90	2.204*
积极情绪	28.90±4.97	28.15±5.57	1.226
消极情绪	21.81±7.17	22.73±7.50	−1.073

4. 不同年级大学生幸福感差异分析

表4-1-19可知，大一年级学生幸福感得分最高，为34.31±11.04；大三年级学生得分最低，为28.52±10.83；大二年级学生得分为30.40±9.51；大四年级得分为29.04±13.14。

表4-1-19　不同年级大学生幸福感及各维度得分情况

维度	大一（$N=72$） M±SD	大二（$N=67$） M±SD	大三（$N=66$） M±SD	大四（$N=96$） M±SD
幸福感	34.31±11.04	30.40±9.51	28.52±10.83	29.04±13.14
生活满意度	25.86±4.39	23.42±3.68	22.82±4.17	23.95±5.60
积极情绪	31.19±3.82	27.73±4.82	27.92±5.15	27.76±5.82
消极情绪	22.75±7.81	20.75±5.66	22.23±7.46	22.67±7.76

对数据进行单因素方差分析，以考察不同年级的大学生在幸福感及各维度得分的差异，结果见表4-1-20。方差分析表明，不同年级大学生的幸福感差异性显著（$F=3.861$，$p<0.05$），不同年级的大学生在生活满意度维度和积极情绪维度上也存在显著性差异（$p<0.001$），在消极情绪维度上差异不显著（$p>0.05$）。经事后多重比较（LSD）检验发现，大一年级学生幸福感得分显著高于大二、大三、大四年级的学生。不同年级的大学生在生活满意度维度和积极情绪维度上的差异显著，经事后多重比较（Dunnett T3）检验发现，大一年级学生的生活满意度得分显著高于大二、大三、大四年级的学生，大一学生的积极情绪得分明显高于大二、大三和大四学生。

表4-1-20　不同年级大学生幸福感及各维度差异性检验结果

维度	变量	SS	df	MS	F	事后比较
幸福感	年级	1507.49	3	502.50	3.861*	大一>大二
	误差	38657.72	297	130.16		大一>大三
生活满意度	年级	364.05	3	121.35	6.579***	大一>大四
	误差	6369.47	297	21.45		大一>大三
积极情绪	年级	632.97	3	210.99	11.748***	大一>大四
	误差	7514.55	297	25.30		大一>大三
消极情绪	年级	183.91	3	61.30	1.153	大一>大四
	误差	15787.11	297	53.16		

5. 不同专业大学生幸福感差异分析

由表4-1-21可知，理工类大学生得分最高，为32.56 ± 11.30；艺体类大学生得分最低，为27.47 ± 11.22；文史类大学生得分为28.90 ± 11.66。

表4-1-21　不同专业大学生幸福感及各维度得分情况

维度	理工类（$N=149$）M±SD	文史类（$N=105$）M±SD	艺体类（$N=47$）M±SD
幸福感	32.56±11.30	28.90±11.66	27.47±11.22
生活满意度	24.89±4.79	23.09±4.34	23.47±5.02
积极情绪	28.60±5.41	28.65±5.34	28.55±4.29
消极情绪	20.93±6.20	22.84±7.41	24.55±9.37

对数据进行单因素方差分析，以考察不同专业的大学生在幸福感及各维度得分的差异，结果见表4-1-22。方差分析表明，不同专业的大学生幸福感差

异显著（$F = 5.131$，$p < 0.01$），不同专业的大学生在生活满意度维度和消极情绪维度存在显著差异（$p < 0.01$，$p < 0.05$），在积极情绪维度上差异不显著（$p > 0.05$）。经事后多重比较（LSD）检验发现，理工类大学生幸福感得分显著高于文史类和艺体类大学生。理工类大学生与文史类大学生在生活满意度维度上的差异显著，经事后多重比较（LSD）检验发现，理工类大学生的生活满意度得分显著高于文史类大学生。理工类大学生与文史类、艺体类大学生在消极情绪维度上差异显著，经事后多重比较（Dunnett T3）检验发现，理工类大学生在消极情绪维度上的得分显著低于艺体类大学生。

表 4-1-22　不同专业大学生幸福感及各维度差异性检验结果

维度	变量	SS	df	MS	F	事后比较
幸福感	专业	1337.02	2	668.51	5.131**	理工类＞文史类
	误差	38828.19	298	130.30		理工类＞艺体类
生活满意度	专业	219.31	2	109.66	5.016**	理工类＞文史类
	误差	6514.21	298	21.86		
积极情绪	专业	0.31	2	0.15	0.006	
	误差	8147.22	298	27.34		
消极情绪	专业	541.83	2	270.92	4.491*	理工类＜艺体类
	误差	15429.19	298	51.78		

（四）主动性人格、学习投入与幸福感的相关分析

表 4-1-23 对大学生主动性人格、学习投入、幸福感及各维度进行了相关分析，由结果可知，主动性人格与学习投入及各维度显著正相关；主动性人格和学习投入与幸福感及生活满意度和积极情绪三个维度显著正相关，与消极情绪维度显著负相关。

表 4-1-23　主动性人格、学习投入、幸福感及各维度相关分析

维度	主动性人格	学习投入	活力	奉献	专注	幸福感	生活满意度	积极情绪	消极情绪
主动性人格	1								
学习投入	0.224**	1							
活力	0.211**	0.788**	1						
奉献	0.166**	0.792**	0.407**	1					

维度	主动性人格	学习投入	活力	奉献	专注	幸福感	生活满意度	积极情绪	消极情绪
专注	0.160**	0.831**	0.431**	0.577**	1				
幸福感	0.311**	0.254**	0.175**	0.204**	0.235**	1			
生活满意度	0.172**	0.170**	0.022	0.114*	0.278**	0.648**	1		
积极情绪	0.210**	0.212**	0.146*	0.187**	0.184**	0.606**	0.282**	1	
消极情绪	−0.232**	−0.140*	−0.158**	−0.116*	−0.062	−0.732**	−0.177**	−0.064	1

（五）主动性人格、学习投入与幸福感的回归分析

根据表 4-1-24 的结果，以主动性人格为自变量，幸福感为因变量进行回归分析。主动性人格进入模型考量中。该模型 $F = 32.096$、$p < 0.001$，表示自变量整体的解释达到显著水平。在回归方程中调整 R^2 为 0.094，表示主动性人格可以预测 9.4% 的幸福感。主动性人格的 p 值小于 0.001，且标准回归系数为正数，表示主动性人格能显著正向预测幸福感。

表 4-1-24　主动性人格、学习投入与幸福感的回归分析

因变量	预测变量	回归系数 b	标准回归系数 β	t	F	R	调整 R^2
幸福感	常数项	4.973		1.093	32.096***	0.311	0.094
	主动性人格	0.417	0.311	5.665***			
学习投入	常数项	61.283		9.829***	15.839***	0.224	0.047
	主动性人格	0.402	0.224	3.980***			
幸福感	常数项	14.203		3.891***	20.544***	0.254	0.061
	学习投入	0.190	0.254	4.533***			
幸福感	常数项	−3.896		−0.759	22.754***	0.364	0.127
	主动性人格	0.359	0.268	4.840***			
	学习投入	0.145	0.193	3.494**			

以主动性人格为自变量，学习投入为因变量进行回归分析。主动性人格进入模型考量中。该模型 $F = 15.839$、$p < 0.001$，表示自变量整体的解释达到显著水平。在回归方程中调整 R^2 为 0.047，表示主动性人格可以预测 4.7% 的学习投入。主动性人格的 p 值小于 0.001，且标准回归系数为正数，表示主动性人格能显著正向预测学习投入。

以学习投入为自变量，幸福感为因变量进行回归分析。学习投入进入模型考量中。该模型 $F = 20.544$、$p < 0.001$，表示自变量整体的解释达到显著水平。在回归方程中调整 R^2 为 0.061，表示学习投入可以预测 6.1% 的幸福感。学习投入的 p 值小于 0.001，且标准回归系数为正数，表示学习投入能显著正向预测幸福感。

以主动性人格、学习投入为自变量，幸福感为因变量进行回归分析。主动性人格、学习投入进入模型考量中。该模型 $F = 22.754$、$p < 0.001$，表示自变量整体的解释达到显著水平。在回归方程中调整 R^2 为 0.127，表示主动性人格和学习投入可以联合预测 12.7% 的幸福感。主动性人格的 p 值小于 0.001，学习投入的 p 值小于 0.01，且标准回归系数均为正数，表示主动性人格和学习投入能显著正向预测幸福感。

（六）主动性人格、学习投入与幸福感的关系模型

结合大学生主动性人格、学习投入对幸福感的影响的关系图（图 4-1-1）可知，学习投入加入模型考量后，主动性人格对幸福感存在显著的预测作用（$\beta = 0.359$，$p < 0.001$），主动性人格对学习投入具有显著预测作用（$\beta = 0.402$，$p < 0.001$），学习投入对幸福感也存在显著预测作用（$\beta = 0.145$，$p < 0.01$）。这说明学习投入在主动性人格与幸福感之间起部分中介作用，中介作用占总效应的比例为 13.95%。

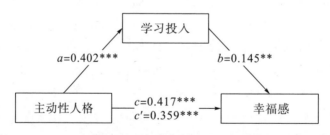

图 4-1-1　学习投入在主动性人格与幸福感之间的中介作用模型

为进一步考察大学生主动性人格、学习投入与幸福感的关系，检验学习投入在其中的中介作用，使用偏差校正的非参数百分位 Bootstrap 方法对学习投入在主动性人格和幸福感之间的中介作用进行检验。表 4-1-25 的结果显示，学习投入的中介作用值为 0.058，其 95% 的置信区间为 [0.018，0.115]（不包含 0），则学习投入在主动性人格和幸福感之间的中介作用显著，即大学生的主动性人格可通过学习投入的间接作用对幸福感产生影响。

表 4-1-25　Bootstrap **方法的中介作用检验**

类别	效应值	Boot 标准误	Boot CI 下限	Boot CI 上限	效应占比
学习投入的中介作用	0.058	0.025	0.018	0.115	13.95%
直接效应	0.359	0.076	0.211	0.507	86.05%
总效应	0.417	0.077	0.265	0.572	

三、结论

（1）大学生主动性人格总体水平较高，在人口统计学变量上无显著差异（$p > 0.05$）。

（2）大学生学习投入水平较高，在性别、年级、专业上存在显著差异（$p < 0.05$）；幸福感水平较高，在生源地、年级、专业上存在显著差异（$p < 0.05$，$p < 0.05$，$p < 0.01$）。

（3）大学生主动性人格、学习投入与幸福感存在两两相关关系，主动性人格与幸福感总分（$r = 0.311$，$p < 0.01$）、生活满意度（$r = 0.172$，$p < 0.01$）和积极情绪（$r = 0.210$，$p < 0.01$）存在正相关，与消极情绪（$r = -0.232$，$p < 0.01$）存在负相关；学习投入与幸福感总分（$r = 0.254$，$p < 0.01$）、生活满意度（$r = 0.170$，$p < 0.01$）和积极情绪（$r = 0.212$，$p < 0.01$）存在正相关，与消极情绪（$r = -0.140$，$p < 0.05$）存在负相关。

（4）主动性人格可以直接影响幸福感（$\beta = 0.417$，$p < 0.001$），也可以通过学习投入间接影响幸福感，学习投入在主动性人格与幸福感之间起部分中介作用（$\beta = 0.359$，$p < 0.01$）。

四、对策与建议

本研究的结果表明，主动性人格可以显著预测幸福感，学习投入在主动性人格和幸福感中起到部分中介作用。基于研究数据，本研究提出以下教育建议。

（一）主动性人格的培养

（1）在家庭方面，对于主动性人格较低的学生，父母要引导孩子做出主动行为，如主动帮助他人；面对问题时，能积极主动想办法解决；主动寻找更好的生活方式等；对孩子做出的主动行为给予正向反馈，从而使孩子有更多的主动行为。

（2）在学校方面，学校教育要注重培养学生的主动性，对不同水平的学生因材施教，对主动性人格水平较高的学生给予肯定并有正面反馈；对主动性人格水平较低的学生，要了解他们的行为方式并提出适当的建议，鼓励他们主动完成自己的事，帮助他们更多地采取主动行为，改变以往的行为方式。

（二）提高学习投入水平

学习投入在主动性人格与幸福感中起部分中介作用，提高学习投入水平对提升大学生幸福感是可行的，根据性别、年级、专业的差异，不同个体的学习投入水平不同，因此学校教育要有针对性地设置学习任务。

（1）学校教学可以布置难度合理、具有挑战性的学习任务。对不同年级的学生要设置难度不同的学习目标和学习任务，以符合学生的学习水平和能力，让学生在完成后能体验到成就感等积极情绪。难度过低的学习任务对高年级的学生没有挑战性，会导致学生对学习产生厌倦；难度过高的学习任务会让学生产生挫败感和畏难情绪，对学生学习也没有帮助。教师布置的学习任务要符合学生专业的特点，使学生明确学习目的，清楚认识所学专业的意义，提高学生的学习投入水平。

（2）设置有吸引力、能激发学生主动性的学习任务。对于不同年级、不同专业的学生，学校可根据他们的学习水平来设置对他们学业有帮助、能提升他们自我能力的学习任务，例如相关专业知识技能，必要的资格证书等。学生对这类学习任务具有较高的主动性，能沉浸在学习中，从而提高学习投入水平。教师在教学中也可以设置有趣的学习任务吸引学生主动学习，同时增强学生对自己专业的认识和兴趣，提高学生学习的主动性。

（3）设置奖赏机制，对完成学习任务并达到教学目标的学生进行奖赏，以激发学生的学习兴趣。学生在完成学习目标后能体验到更多的积极情绪，也能提高学生的学习投入水平，让学生能在学习中感受到愉悦和成就感。

第二节　大学生人格特质与幸福感的
关系研究：心理韧性的中介作用

"人格"一词源于希腊文"persona"，原意为古代希腊人在台上演出时所佩戴的一种面具。卡特尔将"人格"界定为一个人在特定情况下所具有的一种能够预测他在特定情况下行为的倾向。艾森克认为，人格是由遗传和环境这两个因素决定的外在和潜在的行为总和。陈仲庚将"人格"定义为人的内在行为上的倾向性[①]，而王登峰等学者认为人格是个体心理世界的内在组织。[②]

学界对"心理韧性"这一概念的界定存在差异，大致可将其分为品质性界定、结果性界定和过程性界定。品质性界定将"心理韧性"定义为个体的品质或能力，强调不同类型的个体在逆境面前的态度和相应的行为反应存在差异。结果性界定则以良好发展和主动适应为结果，注重从结果的角度出发进行解释。过程性界定综合了前两种内容，将心理韧性看作一种动态的发展过程，它不仅意味着个人在巨大的压力下能够进行积极的适应，也强调一种适应性结果。当前较受学界认可的是过程性界定。[③]

学者们的研究显示，人格特质、心理韧性与幸福感都有一定的相关性。本研究探讨人格特质与幸福感的关系，以及心理韧性在大学生人格特质与幸福感之间的作用，从而为提高大学生的幸福感和心理健康提供切实可行的建议。本研究使用艾森克人格问卷、心理韧性量表、总体幸福感量表对某高校在校生进行调查，回收问卷 318 份，有效问卷 292 份。

一、研究设计

（一）研究目的

本研究旨在探究幸福感、人格特质和心理韧性之间的相关性，并探究心理韧性对人格特质和幸福感是否具有中介作用，以及如何通过提高大学生的心理韧性来增强其幸福感。

（二）研究假设

（1）大学生的人格特质、心理韧性和幸福感之间存在显著的相关性。
（2）人格特质、心理韧性对幸福感具有显著的预测作用。
（3）心理韧性在人格特质和幸福感之间具有显著的中介作用。

---

① 陈仲庚. 试论人格心理及有关的某些概念 [J]. 北京大学学报（哲学社会科学版），1986（4）：28.
② 王登峰，崔红. 解读中国人的人格 [M]. 北京：社会科学文献出版社，2005：5.
③ 白晓旭. 中学生人格特质、应对方式与心理韧性的关系研究 [D]. 呼和浩特：内蒙古师范大学，2017.

（四）研究对象

本研究随机选择高校的在校生进行调查，通过网络发放问卷，共回收 318 份问卷，回收并筛选出 292 份有效问卷。调查对象中有 125 名男性，占 42.8%；167 名女性，占 57.2%。其中有 147 人是独生，占 50.3%；有 145 人是非独生，占 49.7%；其中大一学生 30 人（10.3%），大二学生 40 人（13.7%），大三学生 77 人（26.4%），大四学生 145 人（49.7%）；来自城市的学生有 215 名（73.6%），来自农村的学生有 77 名（26.4%）。

（五）研究工具

1. 艾森克人格问卷简式量表中国版

本研究采用的问卷是由钱铭怡等人编制的艾克森人格问卷简式量表中国版（EPQ-RSC）。该量表包括 4 个分量表，即内外向（E）、神经质（N）、精神质（P）和掩饰性（L），共有 48 个题目，回答方式为"是"或"否"，其中部分题目反向计分。该问卷各维度和总问卷的内部一致性信度介于 0.79～0.84 之间。[①]

2. 青少年心理韧性量表

该量表由胡月琴和甘怡群（2008）编制，该量表共包含 2 个因素和 5 个因子。5 个因素是指个人力和支持力。个人力包括目标专注、情绪控制和积极认知，支持力包括家庭支持和人际协助。该量表采用 5 点式计分，除了 12 题为反向计分外，其他问题均为正向计分。高分表明个体具有较强的心理韧性，低分则表示相对较弱。该量表的内部一致性信度为 0.83。

3. 总体幸福感量表

该量表由段建华等编制，包含 18 个题目，其中 8 个问题为反向评分。该量表评估了人们多个生活领域，包括对生活的满足和兴趣、对健康的担忧、精力、忧郁或愉快的心境、对情感和行为的控制、松弛和紧张。较高的得分表示相对较高的幸福感，该量表的内部一致性信度为 0.86。[②]

---

① 钱铭怡，武国城，朱荣春，等. 艾森克人格问卷简式量表中国版（EPQ-RSC）的修订 [J]. 心理学报，2000（3）：317-323.

② 段建华. 总体幸福感量表在我国大学生中的适用结果与分析 [J]. 中国临床心理学杂志，1996（4）：56-57.

二、结果与分析

(一) 大学生幸福感现状

本研究采用段建华等编制的总体幸福感量表，调查结果见表4-2-1、表4-2-2。

表4-2-1　大学生幸福感均值

幸福感得分	均值	标准差	最高分	最低分
男	74.66	12.23	109	33
女	70.83	12.83	110	39

表4-2-2　大学生幸福感得分表

幸福感得分	33~42	43~52	53~62	63~72	73~82	83~92	93~102	103~112
男	1	4	13	36	41	21	8	1
女	2	11	34	45	44	22	8	1
合计	3	15	47	81	85	43	16	2
比例（%）	1.03	5.14	16.10	27.74	29.11	14.73	5.48	0.68

总体幸福感量表在全国常模中男性得分为75分，女性为71分，如表4-2-1所示，大学生幸福感得分略低于全国常模，但差距不大，其中男大学生幸福感得分均分（M=74.66）显著高于女大学生（M=70.83）。

由表4-2-2可以看出，以10分为一个分数段，幸福感得分呈正态分布，极端低值与极端高值比例仅占1.71%，大部分大学生的幸福感得分在63~82分这个范围内。

(二) 大学生心理韧性现状

本研究对大学生的心理韧性状况进行调查，其描述统计结果见表4-2-3。

表4-2-3　大学生心理韧性均分及各维度描述统计结果

维度	各维度均分最小值	各维度均分最大值	M	SD
目标专注	2.2	5.0	3.78	0.50
情绪控制	1.0	4.5	2.61	0.64

维度	各维度均分最小值	各维度均分最大值	M	SD
积极认知	1.5	5	3.85	0.55
家庭支持	1.5	5	3.45	0.67
人际协助	1.5	5	3.17	0.78
心理韧性总分	2.27	4.59	3.37	0.41

青少年心理韧性量表为5点式计分，其理论均数为3。由表4-2-3可知，大学生心理韧性总分及目标专注、积极认知、家庭支持、人际协助等维度平均分的均值都大于3，说明在整体上大学生的心理韧性处于中等偏上水平。从心理韧性的各个维度来看：大学生目标专注维度平均分的均值最高（M=3.78），说明大学生专注力较强，不易被负面情绪干扰；情绪控制维度平均分的均值最低（M=2.61），说明大学生的情绪波动较大，对情绪的管理和控制能力较弱。

（三）大学生人格特质现状

本研究将统计出来的P（精神质）、E（内外向）、N（神经质）、L（掩饰性）量表得分转换成相应的T分数，根据标准可将P分为三类：P≤56.7为无精神质倾向；56.7＜P≤61.5为倾向精神质；P＞61.5为精神质非常明显。将E和N分别分为五类：E＜38.5为内向型，38.5≤E＜43.3为倾内向型，43.3≤E≤56.7为中间型，56.7＜E≤61.5为倾外向型，E＞61.5为外向型；N＜38.5为情绪稳定，38.5≤N＜43.3为情绪倾向稳定，43.3≤N≤56.7为中间型，56.7＜N≤61.5为情绪倾向不稳定，N＞61.5为情绪不稳定。大学生人格特质三因子的得分见表4-2-4、表4-2-5、表4-2-6。

表4-2-4　大学生精神质得分表

P（精神质）	P≤56.7	56.7＜P≤61.5	P＞61.5
男（N=125）	108	11	6
女（N=167）	119	29	19
合计（个）	227	40	25
比率（%）	77.74	13.70	8.56

由表4-2-4可以看出，大学生的精神质倾向略明显，有13.7%为倾向精神质，8.56%精神质非常明显，共占总数的22.26%。

表4-2-5 大学生内外向得分表

E（内外向）	E<38.5	38.5≤E<43.3	43.3≤E≤56.7	56.7<E≤61.5	E>61.5
男（N=125）	38	22	37	20	8
女（N=167）	56	15	60	10	26
合计（个）	94	37	97	30	34
比率（%）	32.19	12.67	33.22	10.27	11.64

由表4-2-5可以看出，内向型个体占总体的32.19%；外向型占总数的11.64%；倾内向型、中间型与倾外向型的大学生最多，共占总体的56.17%。

表4-2-6 大学生神经质得分表

N（神经质）	N<38.5	38.5≤N<43.3	43.3≤N≤56.7	56.7<N≤61.5	N>61.5
男（N=125）	7	7	47	21	43
女（N=167）	12	4	45	32	74
合计（个）	19	11	92	53	117
比率（%）	6.51	3.77	31.51	18.15	40.07

由表4-2-6可以看出，大学生的情绪不稳定与偏不稳定个体数占比大，共计58.22%。

（四）大学生人格特质、心理韧性与幸福感的相关分析

由表4-2-7可知，在人格特质中，精神质与幸福感、心理韧性为显著负相关；外倾性与幸福感、心理韧性为显著正相关；神经质与幸福感、心理韧性为显著负相关；心理韧性与幸福感为显著正相关。这表明，在人格特质中，外倾性对幸福感、心理韧性有积极影响；而精神质与神经质对幸福感、心理韧性有消极影响。

表4-2-7 幸福感、心理韧性与人格特质的相关分析

变量	幸福感	精神质	外倾性	神经质	心理韧性
幸福感	1				
精神质	-0.206**	1			
外倾性	0.333**	-0.206**	1		
神经质	-0.629**	0.147*	-0.392**	1	

变量	幸福感	精神质	外倾性	神经质	心理韧性
心理韧性	0.446**	−0.242**	0.518**	−0.519**	1

（五）大学生人格特质、心理韧性及幸福感的回归分析

在控制了性别、年级等人口统计学变量后，分别以人格特质的3个维度为自变量，幸福感为因变量，心理韧性为中介变量进行多元逐步回归分析，第一步检验人格特质对幸福感是否有预测作用。结果显示，人格特质3个维度对幸福感的预测作用均较为显著。第二步检验人格特质对心理韧性是否有预测作用，结果显示，人格特质对心理韧性的预测作用也是显著的。第3步检验人格特质在加入中介变量心理韧性后，对幸福感的预测作用。结果见表4-2-8。

表 4-2-8　心理韧性在精神质维度与幸福感关系中的中介作用检验

步骤	自变量	因变量	b	β	t	R^2	F
第一步	精神质	幸福感	−20.207	−0.206	−3.590**	0.043	12.888
第二步	精神质	心理韧性	−0.771	−0.242	−4.253**	0.059	18.084
第三步	精神质	幸福感	−10.233	−0.104	−1.937	0.209	38.128
		心理韧性	12.927	0.420	7.792**		

由表4-2-8可以看出，精神质对幸福感有显著的负向预测性（$\beta = -0.206, t = -3.590, p < 0.01$），精神质对心理韧性也有显著的负向预测作用（$\beta = -0.242, t = -4.253, p < 0.01$），当心理韧性作为中介作用和精神质一起进入回归路径时，心理韧性对幸福感有显著正向影响，但是精神质对幸福感的预测作用显著消失（$\beta = -0.104, t = -1.937, p > 0.05$），所以心理韧性在精神质与幸福感中起完全中介作用。

由表4-2-9可以看出，外倾性对幸福感（$\beta = 0.333, t = 6.024, p < 0.01$）和心理韧性（$\beta = 0.518, t = 10.313, p < 0.01$）均有显著正向预测作用，当心理韧性作为中介作用和外倾性一起进入回归路径时，心理韧性对幸福感有显著正向影响，外倾性的效应制降低，所以心理韧性在精神质与幸福感中间起部分中介作用。

表 4-2-9　心理韧性在外倾性维度与幸福感关系的中介作用检验

步骤	自变量	因变量	b	β	t	R^2	F
第一步	外倾性	幸福感	15.252	0.333	6.024**	0.111	36.283
第二步	外倾性	心理韧性	0.770	0.518	10.313**	0.268	106.356
第三步	外倾性	幸福感	6.419	0.140	2.300*	0.213	39.087
	心理韧性		11.470	0.373	6.111**		

由表 4-2-10 可以看出，神经质对幸福感（$\beta=-0.629$，$t=-13.768$，$p<0.01$）和心理韧性（$\beta=-0.519$，$t=-10.342$，$p<0.01$）均有显著负向预测作用，当心理韧性作为中介作用和外倾性一起进入回归路径时，心理韧性对幸福感有显著正向影响，神经质的效应制降低，所以心理韧性在精神质与幸福感中起部分中介作用。

表 4-2-10　心理韧性在神经质维度与幸福感关系中的中介作用检验

步骤	自变量	因变量	b	β	t	R^2	F
第一步	神经质	幸福感	-29.146	-0.629	-13.768**	0.395	189.553
第二步	神经质	心理韧性	-0.782	-0.519	-10.342**	0.269	106.953
第三步	神经质	幸福感	-25.220	-0.544	-10.333**	0.415	102.388
	心理韧性		5.019	0.163	3.099**		

根据表 4-2-10 的结果，我们发现神经质、外倾性、精神质这 3 个变量对幸福感具有显著影响，依次检验可知的数据发现，将心理韧性纳入回归方程后，艾森克人格特质 3 个维度对幸福感的影响都发生了变化。这说明人格特质可以借助心理韧性这一个中介变量间接影响幸福感。

根据回归分析所得的标准回归系数即路径系数，建立路径分析模型如图 4-2-1所示。从这一路径分析模型可以清楚看出，神经质、外倾性、精神质直接影响幸福感，其中神经质和精神质对幸福感具有负向预测作用，外倾性对幸福感具有正向预测作用。

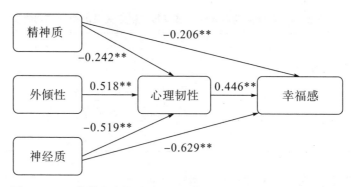

图 4-2-1　大学生人格特质、心理韧性与幸福感的路径分析模型

（六）大学生心理韧性在人格特质与幸福感间的中介作用

本研究采用 Hayes 编制的 Process 宏程序（模型 4）对心理韧性进行中介作用检验。[①] 本研究为了考察心理韧性在人格特质和幸福感之间的中介作用，决定通过 SPSS 软件中的 Process 插件，利用 Bootstrap 法进行中介作用检验。在检验过程中，分别以三种人格特质（X＝神经质、内外向、精神质）为自变量，幸福感（Y＝幸福感）为因变量，以心理韧性为中介变量，选用模型 4，样本量选择 1000，置信区间设为 95％。中介作用检验结果见表 4-2-11。

表 4-2-11　大学生心理韧性在人格特质与幸福感间的中介作用检验

人格特质	效应	effect	SE	95％置信区间	效应占比（％）
精神质	总效应 c	−20.21	5.63	[−31.29, −9.13]	
	直接效应 c'	−10.23	5.28	[−20.63, 0.16]	50.64
	间接效应	−9.97	2.65	[−15.87, −5.20]	49.36
外倾性	总效应 c	15.25	2.53	[10.27, 20.24]	
	直接效应 c'	6.42	2.79	[0.93, 11.91]	42.08
	间接效应	8.83	1.67	[5.80, 12.26]	57.92
神经质	总效应 c	−29.15	2.12	[−33.31, −24.98]	
	直接效应 c'	−25.22	2.44	[−30.02, −20.42]	86.53
	间接效应	−3.93	1.20	[−6.34, −1.48]	13.47

① Preacher K J, Hayes A F. SPSS and SAS procedures for estimating indirect effects in simple mediation models [J]. Behavior Research Methods, Instruments and Computers, 2004 (36): 717 − 731.

若间接效应 95% 的置信区间不包括 0，则说明中介作用存在；若直接效应 95% 的置信区间包括 0，则说明是完全中介作用。由表 4-2-11 的结果可知，心理韧性在精神质维度的 95% 置信区间中直接效应 [-20.63, 0.16] 包含 0，而间接效应 [-15.87, -5.20] 不包含 0，因此属于完全中介作用。心理韧性在外倾性维度和神经质维度的 95% 置信区间中直接效应分别是 [0.93, 11.91]、[-30.02, -24.98] 均不包含 0，且间接效应的 95% 置信区间范围是 [5.80, 12.26]、[-6.34, -1.48] 也都不包含 0，属于部分中介作用。检验结果表明，大学生心理韧性在人格特质与幸福感间存在显著的中介作用，中介作用量的范围为 13.47%～57.92%。

三、结论

（1）大学生的幸福感处在中等水平（常模中，男性 75 分，女性 71 分），在性别上，男性大学生（74.66 分）的幸福得分超过了女性大学生（70.83 分）。

（2）本科生的心理韧性在平均值上可以达到中等偏上程度，其中，大学生的心理专注维度平均分的均值（M=3.78）最大，而情感控制得分均分（M=2.61）则最低。

（3）在大学生的人格特质中精神质倾向略明显，有 13.7% 的大学生为倾向精神质，8.56% 的大学生精神质非常明显；内向型个体占比多，占总体的 32.19%；神经质维度总体得分偏高，大学生的情绪不稳定与偏不稳定个体数占比多，共计 58.22%。

（4）研究结果表明，人格各维度与大学生幸福感均呈显著相关关系。其中，精神质（$r=-0.206$，$p<0.01$）和神经质（$r=-0.629$，$p<0.01$）对大学生幸福感具有较为显著的负向影响作用，外倾性（$r=0.333$，$p<0.01$）对大学生幸福感具有较为显著的正向影响作用。

（5）心理韧性（$r=0.446$，$p<0.01$）与大学生幸福感之间呈显著正相关。心理韧性与人格特质中的外倾性（$r=0.518$，$p<0.01$）为显著正相关，与神经质（$r=-0.519$，$p<0.01$）、精神质（$r=-0.242$，$p<0.01$）为显著负相关。

（6）大学生心理韧性在人格特质的 3 个维度上均与幸福感存在中介作用。其中心理韧性在精神质维度为完全中介作用，心理韧性在外倾性与神经质维度为部分中介作用。

四、对策与建议

研究结果显示，男性大学生幸福感得分高于女性大学生。所以对性格内向的女性大学生给予更多关注，关注其相关动态，及时帮助有困难的学生，有必要时针对这类学生开展相应的心理辅导。

大学生人格特质可以显著预测幸福感，心理韧性在人格特质和幸福感之间起到部分中介作用，基于研究数据，心理韧性在人格特质与幸福感之间的中介作用量有 13.47%～57.92%，而心理韧性在情绪控制维度得分较低（M＝2.61），可以通过训练大学生情绪控制技巧，提升大学生的情绪控制能力，以提高幸福感。在此提出以下具体建议：

（1）开展"认识自己的情绪"主题课程。情绪控制的第一步是认识自己的情绪状态，分析引起不良情绪的原因，帮助大学生深入了解自己的情绪和行为。

（2）开展正念冥想课程。正念冥想是一种训练集中注意力和自我觉察的方法。它可以帮助人们更好地管理自己的情绪。

（3）寻找情绪调节策略。情绪调节策略是指在情绪被激发时，可以用来调节自己情绪的方法。例如进行深呼吸、采用积极的自我语言、运动等，以减轻紧张和压力。

（4）寻求帮助。如果有的大学生的情绪控制出现严重问题，需要考虑寻求专业帮助。有这类问题的学生可以寻找学校心理咨询教师的支持和建议，以学会更好地控制和管理自己的情绪。

第三节　大学生的人格特质、自我效能感与幸福感的关系研究

自我效能感这一概念是心理学家班杜拉于 1977 年提出的，指的是人们对其是否有能力去解决某一问题或者就某件事情展开推测和判断，或者也可以是人们对自己能不能够利用身边和已有的资源去完成某个任务的自信程度。已有的研究发现，人格特质与幸福感之间存在相关性，而大学生的自我效能感也可能会影响他们的幸福感。为了研究三者的相关性及作用机制，为提升大学生幸福感提出科学且具有可行性的对策与建议，本研究采用艾森克人格问卷、一般自我效能感量表、总体幸福感量表对某高校 321 名大学生进行问卷调查，筛选

得到有效问卷 289 份。

一、研究设计

（一）研究目的

本研究旨在对大学生的人格特质、自我效能感和幸福感之间的关系进行综合探讨，以期对提升大学生的心理健康和幸福感提供有效支持。本研究旨在探究以下问题：

（1）调查大学生人格特质、自我效能感、幸福感现状及其在人口统计学变量上的差异。

（2）分析人格特质、自我效能感与幸福感三者间的相关性以及内在机制。

（3）基于研究结果提出提升大学生幸福感的切实可行的策略。

（二）研究假设

（1）大学生人格特质、自我效能感、幸福感在性别、年级、家庭所在地、是否独生等人口统计学变量上存在显著差异。

（2）大学生人格特质中的神经质、精神质、内外向与自我效能感和幸福感之间存在显著的相关性。

（3）大学生自我效能感在人格特质和幸福感之间具有显著的中介作用。本研究预测了三个变量及中介作用的模型，如图 4-3-1。

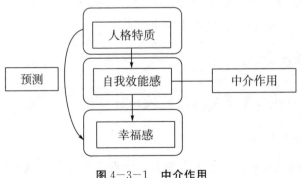

图 4-3-1　中介作用

本研究期待通过这些分析和检验，揭示人格特质、自我效能感和幸福感之间的关系，并为提高大学生的幸福感提供相关建议。

（三）研究方法

本研究主要使用了文献法和调查法。

（四）研究对象

本研究以某高校在校大学生为调查对象，采取随机抽样的方式，对 321 名学生进行调查，回收问卷 321 份，剔除无效问卷 32 份，合计有效问卷 289 份。

（五）测量工具

1. 艾森克人格问卷简式量表中国版

为了衡量大学生的内外向、神经质和精神质等三种人格特质，本研究使用了艾森克人格问卷简式量表中国版。该问卷包括四个分量表，即内外向（E）、神经质（N）、精神质（P）和掩饰性（L），共有 48 个题目，回答方式为"是"或"否"，其中部分项目为反向计分。

2. 一般自我效能感量表

一般自我效能感量表由王才康等翻译修订，问卷有 10 个题目，包含一个维度，没有反向计分的项目。

3. 总体幸福感量表

总体幸福感量表中文版由段建华翻译修订，问卷有 18 个题目，包含六个因子，这六个因子是对生活的满足和兴趣、对健康的担心、精力、松弛和紧张、对情感和行为的控制、忧郁或愉快的心境。

二、结果与分析

（一）人口统计学变量的描述性统计分析

1. 样本收集情况分析

本次实验挑选的被试从年级上来看，大四学生较多，从家庭所在地来看，城市大学生居多，其他人口统计学变量样本数量虽有差异，但较为平均，详见表 4-3-1。

表4-3-1 研究对象的基本情况

变量	分组	人数	构成比（%）
性别	男	123	42.6
	女	166	57.4
年级	大一	30	10.4
	大二	39	13.5
	大三	77	26.6
	大四	143	49.5
家庭所在地	城市	214	74.0
	农村	75	26.0
是否独生	是	145	50.2
	否	144	49.8

2. 大学生人格特质、自我效能感与幸福感现状

（1）大学生人格特质总体情况。

从表4-3-2可知，大学生人格特质中神经质、内外向维度均分在理论均值6分附近及以上，表明大学生群体的这两个维度均处于中上水平。各维度均分从高到低依次为：N（神经质）、E（内外向）、P（精神质）。

表4-3-2 大学生人格特质总体水平统计（$N=289$）

变量	P（精神质）	N（神经质）	E（内外向）
M±SD	2.72±1.53	7.07±3.27	6.36±3.31

（2）大学生自我效能感总体情况。

从表4-3-3可知，大学生自我效能感总分均分在理论均值24分附近及以上，表明自我效能感均分处于中上水平。

表4-3-3 大学生自我效能感总体水平统计（$N=289$）

变量	自我效能感总分
M±SD	25.85±6.01

（3）大学生幸福感总体情况。

从表4-3-4可知，大学生幸福感总分均分在理论均值72.20分附近及以上，表明幸福感均分处于中上水平。

表 4-3-4　**大学生幸福感总体水平统计**（$N=289$）

变量	幸福感总分
M±SD	72.20±12.48

（二）大学生人格特质、自我效能感与幸福感在人口统计学变量上的差异

为考察大学生人格特质、自我效能感与幸福感在性别、年级、家庭所在地、是否独生上是否存在差异，本研究采用单因素方差分析对上述人口统计学变量进行差异性检验。

1. 大学生幸福感在人口统计学变量上的差异

由表 4-3-5 可知，大学生幸福感在性别上存在显著差异（$p<0.05$），在是否独生、性别和家庭所在地上均不存在显著差异。

表 4-3-5　**幸福感在人口统计学变量上的差异分析**

变量	分组	M±SD	F	p
性别	男	74.25±11.90	1.003	0.016*
	女	70.69±12.73		
年级	大一	73.23±11.21	1.509	0.212
	大二	69.87±13.46		
	大三	70.55±13.64		
	大四	73.52±11.73		
家庭所在地	城市	72.49±12.89	0.647	0.518
	农村	71.40±11.31		
是否独生	是	71.60±13.19	−0.825	0.410
	否	72.81±11.75		

2. 大学生自我效能感在人口统计学变量上的差异

由表 4-3-6 可知，大学生自我效能感在性别、年级、家庭所在地和是否独生上均不存在显著差异。

表 4-3-6　自我效能感在人口统计学变量上的差异分析

变量	分组	M±SD	F	p
性别	男	25.92±5.99	0.64	0.870
	女	25.80±6.05		
年级	大一	26.77±6.20	2.405	0.068
	大二	23.51±5.76		
	大三	26.22±5.92		
	大四	26.10±6.02		
家庭所在地	城市	26.00±5.95	0.709	0.479
	农村	25.42±6.22		
是否独生	是	26.01±5.65	0.441	0.660
	否	25.69±6.38		

3. 大学生人格特质在人口统计学变量上的差异

由表 4-3-7 至 4-3-9 可知，人格特质中精神质人格在年级上存在非常显著的差异（$p<0.01$），在性别、家庭所在地以及是否独生上无显著差异。神经质人格在年级、性别、家庭所在地以及是否独生上均无显著差异。内外向人格在年级、性别、家庭所在地以及是否独生上均无显著差异。

表 4-3-7　精神质（P）人格在人口统计学变量上的差异分析

变量	分组	M±SD	F	p
性别	男	0.23±0.13	0.31	0.755
	女	0.22±0.12		
年级	大一	0.16±0.03	7.182	0.000**
	大二	0.13±0.02		
	大三	0.12±0.01		
	大四	0.11±0.01		
家庭所在地	城市	0.22±0.13	−0.676	0.499
	农村	0.23±0.11		
是否独生	是	0.22±0.14	−0.524	0.601
	否	0.23±0.12		

表4-3-8　神经质（N）人格在人口统计学变量上的差异分析

变量	分组	M±SD	F	p
性别	男	0.55±0.27	−1.933	0.54
	女	0.62±0.27		
年级	大一	0.26±0.05	1.141	0.333
	大二	0.27±0.04		
	大三	0.29±0.03		
	大四	0.27±0.02		
家庭所在地	城市	0.58±0.27	−1.253	0.211
	农村	0.62±0.27		
是否独生	是	0.59±0.29	0.16	0.87
	否	0.58±0.27		

表4-3-9　内外向（E）人格在人口统计学变量上的差异分析

变量	分组	M±SD	F	p
性别	男	0.54±0.28	0.405	0.685
	女	0.52±0.27		
年级	大一	0.26±0.04	1.479	0.220
	大二	0.27±0.04		
	大三	0.29±0.03		
	大四	0.27±0.02		
家庭所在地	城市	0.54±0.28	1.307	0.192
	农村	0.49±0.25		
是否独生	是	0.54±0.29	0.472	0.637
	否	0.52±0.26		

（三）大学生人格特质、自我效能感与幸福感的相关分析

表4-3-10的相关分析结果表明，大学生幸福感与自我效能感之间存在显著正相关，与人格特质中的内外向维度呈显著正相关，与精神质维度、神经质维度呈显著负相关。自我效能感与人格特质中的精神质维度呈显著负相关，与内外向维度、神经质维度不相关。

表 4-3-10　人格特质、自我效能感与幸福感的相关分析

变量	幸福感	精神质	内外向	神经质	自我效能感
幸福感	1				
精神质	−0.199**	1			
内外向	0.304**	−0.174**	1		
神经质	−0.612**	0.165**	−0.372**	1	
自我效能感	0.140**	−0.152**	0.050	−0.043	1

（四）自我效能感在精神质人格与幸福感间的中介作用检验

1. 大学生精神质人格对幸福感影响的回归分析

将幸福感作为因变量，将人格特质中的精神质人格特质作为自变量，将自我效能感作为中介变量，进行回归分析，结果如表 4-3-11 所示。模型中有三个回归方程。如方程 1 所示，精神质人格对大学生自我效能感的预测效应显著。如方程 2 所示，精神质人格对大学生自我效能感的预测作用显著。方程 3 是中介作用模型，自我效能感对幸福感没有显著预测作用。

表 4-3-11　大学生精神质人格对幸福感影响的回归分析

变量	方程 1 (因变量：自我效能感)		方程 2 (因变量：幸福感)		方程 3 (因变量：幸福感)	
	β	t	β	t	β	t
精神质	−6.77	−2.47*	−17.19	−3.04**	−15.98	−2.80**
自我效能感					0.18	1.47
R^2	0.02		0.03		0.03	
F	6.10*		9.23**		5.71**	

2. 大学生自我效能感在精神质与幸福感间的效应检验

本研究通过 SPSS 软件中的 Process 插件，利用 Bootstrap 法对自我效能感进行效应检验。在检验过程中，以精神质（X=精神质）为自变量，幸福感（Y=幸福感）为因变量，以自我效能感为中介变量，选用模型 4，样本量选择 1000，置信区间设为 95%。效应检验结果见表 4-3-12，间接效应 95% 的置信区间包括 0，再次说明中介作用不存在。

表 4-3-12　大学生自我效能感在精神质与幸福感间的效应检验

人格特质	效应	effect	SE	95%置信区间	效应占比（%）
精神质	总效应 c	−17.19	5.66	[−28.33, −6.05]	
	直接效应 c'	−15.98	5.70	[−27.21, −4.75]	88.23
	间接效应	−1.21	0.99	[−3.55, 0.40]	

三、结论

（1）大学生幸福感在性别上存在显著差异（$F=1.003$，$p=0.016$）；在年级、成长环境、是否独生等人口统计学变量上不存在显著差异；大学生自我效能感在性别、年级、家庭居住地、是否独生等人口统计学变量上均不存在显著差异；大学生人格特质中的精神质人格在年级上有显著差异（$F=7.182$，$p=0.00$），其他均不存在显著差异。

（2）在人格特质中，精神质人格特质与幸福感（$r=0.199$，$p<0.01$）、自我效能感（$r=-0.152$，$p<0.01$）均呈显著负相关；内外向人格特质与幸福感为显著正相关（$r=0.304$，$p<0.01$），与自我效能感不相关；神经质人格特质与幸福感呈显著负相关（$r=-0.612$，$p<0.01$），与自我效能感不相关。幸福感和自我效能感呈显著正相关（$r=0.140$，$p<0.05$）

（3）自我效能感在精神性人格特质和幸福感之间不存在中介作用。

四、对策与建议

（一）培养大学生的外向性人格，提升幸福感

研究表明，人格特质中的内外向对幸福感有显著正向预测作用，外向性的人格特质可以对自我效能感和幸福感产生正面影响。[1] 因此，可以通过增强大学生的外向性人格特质，提升大学生幸福感。

（1）从学校的角度来说，首先，学校可以有计划、有组织地开展一些集体活动，通过有效的方式在一定程度上来改善具有内倾性特质的学生的心理健康状况，让他们能够更多接触别人，从中体验幸福，感受幸福。[2] 其次，学校可

---

① 贾秀延，王妍. 民族高校大学生人格特质、一般自我效能感与主观幸福感的关系研究 [J]. 教育现代化，2017 (4)：38.

② 方艳兰. 独立学院大学生人格特征、生活事件与主观幸福感的关系研究 [D]. 武汉：华中师范大学，2015.

以开展积极的心理咨询和生活辅导来帮助学生树立积极的认知、建立良好的人际关系并通过获得社会支持等方式来获得积极的情绪体验，形成积极的人格品质。

（2）从教师的角度来说，首先，教师要引导大学生在实际活动中锻炼性格，如在班会、各类学习或实践活动中，有意识地给性格内向的学生提供一些展示的机会，比如让他们独立地组织、主持活动。其次，教师可以通过给大学生树立榜样来影响大学生性格的形成，积极开展优秀学生事迹分享会，通过交流来引导内向学生打开心扉。

（3）从学生的角度来说，首先，学生要接受自己的性格特点，例如内向的学生善于思考，外向的更学生积极活泼、善于组织活动等。其次，学生要有锻炼自己的想法，能够积极主动地寻求改变自己的方法，例如在上课时主动回答问题，提出自己的想法；主动参加学校的社团活动，主动上台演讲等。每个学生要确定改变自己的方法与途径，多听取教师和同学的意见、建议，克服暴躁、意志薄弱等性格上的缺陷。

（二）提高大学生的自我效能感，提升幸福感

本研究表明，自我效能感与幸福感显著正相关，对幸福感的各个维度及总分都具有正向预测作用。因此，高校可针对不同年级大学生的心理特点，开展形式多样的心理健康教育课、团体心理辅导活动等，帮助大学生正确认识自我，认识自身价值，不断提高自我效能感水平。第一，高校应重视个体辅导。当学生不能很好地调适自己的心理状态时，高校应积极开展个体心理辅导工作，确保学校心理咨询室、学校网络平台和心理教师预约咨询能够正常使用。第二，高校不可忽视团体辅导，应在各个学院开展相关的团体心理辅导，通过团体辅导活动关注学生群体心理健康状态，提高大学生心理健康水平，及时发现潜在的问题和风险，构建良好的学习生活环境。

（三）加强高校"幸福课"课程建设，提升大学生幸福感

高校可以加强"幸福课"课程建设，来提升大学生的幸福感。"幸福课"指的是通过系统的课程，使学生正确认识幸福、提高对幸福的感受性和获得幸福的能力，从而树立正确的世界观、人生观、价值观。

参考文献

[1] 马敏娜, 石丹丹, 陈琳莹. 物质主义对当代青少年的影响及对策研究 [J]. 教育教学论坛, 2020 (8): 92-94.

[2] 贺子京, 丁晶, 梁芷君, 等. 家庭环境、物质主义价值观对大学生心理健康的影响 [J]. 中国健康心理学杂志, 2020, 28 (12): 1887-1892.

[3] 高峰, 白学军. 越努力越幸福——中国背景下成就动机与主观幸福感的元分析 [J]. 心理与行为研究, 2021, 19 (4): 466-472.

[4] 段媛媛. 情绪调节、人际关系对大学生幸福感的影响分析 [J]. 普洱学院学报, 2020, 36 (1): 130-133.

[5] 何美, 廖全明. 留守儿童主观幸福感与人际关系、自尊的关系研究 [J]. 兰州教育学院报, 2020, 36 (4): 85-88.

[6] 岳磊, 吴佳珂, 吴幸哲, 等. 物质主义对关系自尊的影响: 领悟社会支持的中介作用 [J]. 中国健康心理学杂志, 2022, 30 (7): 1072-1075.

[7] 马小红, 丁凤琴. 大学生物质主义价值观、感恩与生活满意度的关系 [J]. 中国健康心理学杂志, 2020, 28 (11): 1710-1714.

[8] 贺子京, 丁晶, 梁芷君, 等. 家庭环境、物质主义价值观对大学生心理健康的影响 [J]. 中国健康心理学杂志, 2020, 28 (12): 1887-1892.

[9] 韩旭, 王雷, 孔明. 社会支持对大学生主观幸福感的影响机制: 自我效能感的中介作用 [J]. 心理月刊, 2022, 17 (14): 55-58.

[10] 林国耀, 周明慧, 鲍超, 等. 大学生社会支持与主观幸福感的关系: 生命意义感的中介作用 [J]. 信阳师范学院学报 (哲学社会科学版), 2021, 41 (2): 30-33.

[11] 王勇. 单亲家庭大一新生总体幸福感与社会支持的关系: 心理健康的中介作用 [J]. 教育观察, 2022, 11 (32): 1-6+97.

[12] 韩旭, 王雷, 孔明. 社会支持对大学生主观幸福感的影响机制: 自我效能感的中介作用 [J]. 心理月刊, 2022 (14): 55-58.

[13] 鄢苍钰，姜兆萍. 高校学生亲环境行为与自然联结和主观幸福感的关系[J]. 中国心理卫生杂志，2022，36（11）：981−986.

[14] 杨艳. 高职院校大学生成就动机对主观幸福感的影响研究[J]. 鄂州大学学报，2022，29（5）：38−41.

[15] 鲍旭辉，黄杰，李娜，等. 主动性人格对学习投入的影响：领悟社会支持和积极情绪的链式中介作用[J]. 心理与行为研究，2022，20（4）：508−514.

[16] 韩旭，王雷，孔明. 社会支持对大学生主观幸福感的影响机制：自我效能感的中介作用[J]. 心理月刊，2022，17（14）：55−58.

[17] 张宇，于涛，李春蔚. 大学生自尊与幸福感的关系：心理韧性的中介作用[J]. 心理月刊，2022，17（21）：23−25.

[18] 陈维，杨涛，高荣芬，等. Connor−Davidson 心理韧性量表简版在大学生中的信效度检验和跨性别等值性[J]. 西南师范大学学报（自然科学版），2021，46（11）：38−45.

[19] 刘小英，李英华，栗文敏. 大学生心理韧性对主观幸福感的预测研究[J]. 中国健康教育，2020，36（3）：234−237.

[20] 刘月月，贾月辉，肖艳丽，等. 黑龙江省大学生一般自我效能感、心理弹性与主观幸福感的关系[J]. 预防医学论坛，2022，28（7）：494−496.

[21] 李金康. 大学生物质主义价值观对学业拖延的影响[D]. 昆明：云南师范大学，2021.

[22] 李雯培. 初中生学习压力对主观幸福感的影响[D]. 开封：河南大学，2021.

[23] 孙靖童. 高中生父母教养方式、自尊、生命意义感与学习投入的关系研究[D]. 哈尔滨：哈尔滨师范大学，2022.

[24] 钟静. 初中生家庭功能、心理资本和生命意义感的关系及团辅干预研究[D]. 重庆：西南大学，2021.

[25] 杨艺旋. 社会支持对大学生心理健康的影响研究[D]. 成都：四川省社会科学院，2021.

[26] 郑婉莹. 父母支持对初中生学习主观幸福感的影响[D]. 武汉：华中师范大学，2022.

[27] 许玲. 初中生亲职化与人际交往能力、自尊和领悟社会支持的关系研究[D]. 昆明：云南师范大学，2021.

[28] 万贺凝. 大学生社会支持与主观幸福感的关系 [D]. 长春：吉林大学，2020.

[29] 常洵. 主动性人格、变革承诺与员工工作绩效之间的关系 [D]. 成都：电子科技大学，2020.

[30] 金明月. 大学生主动性人格对主观幸福感的影响 [D]. 哈尔滨：哈尔滨师范大学，2022.

[31] 张玉东. 双理论视角下主动性人格对大学生主观幸福感的影响 [D]. 合肥：安徽医科大学，2021.

[32] 倪可心. 大学生学习投入与主观幸福感关系研究 [D]. 成都：成都理工大学，2020.

[33] 朱鑫钰. 初中生人格特质和主观幸福感：心理韧性的中介作用 [D]. 长春：吉林师范大学，2020.

[34] 程兰君. 高中生主观幸福感与生命意义感的关系 [D]. 武汉：华中师范大学，2021.

[35] 金明月. 大学生主动性人格对主观幸福感的影响 [D]. 哈尔滨：哈尔滨师范大学，2022.

[36] QIAN G. Associations of suicide and subjective well-being [J]. OMEGA-journal of death and dying, 2021, 84 (1): 103−115.

[37] LANE A, MCGRATH J, CLEARY E, et al. Worried, weary and worn out: mixed-method study of stress and well-being in final-year medical students [J]. BMJ, 2020 (10): 40−45.

[38] ARUTA J J B R. The quest to mental well-being: nature connectedness, materialism and the mediating role of meaning in life in the Philippine context [J]. Current psychology, 2023, 42 (2): 15−21.

[39] MESHI D, ELLITHORPE M E. Problematic social media use and social support received in real-life versus on social media: associations with depression, anxiety and social isolation [J]. Addictive behaviors, 2021, 119: 106949.

[40] MUBARAK N, SAFDAR S, FAIZ S, et al. Impact of public health education on undue fear of COVID-19 among nurses: the mediating role of psychological capital [J]. International journal of mental health nursing, 2021, 30 (2): 544−552.